KB064578

**국가가 아닌
여성이
결정해야
합니다**

국가가 아닌 여성이 결정해야 합니다

시몬 베유, 낙태죄를 폐지하다

시몬 베유 지음 — 이민경 옮김

갈라파고스

※일러두기

시간의 흐름에 따른 인식의 변화를 나타내기 위해 시몬 베유가 연설
하던 시점에는 '낙태', 이후의 시점에는 '임신중단'이라는 어휘를 사
용했다.

여성의 몸은 불법도, 공공재도 아니다

국회의원 심상정

헌법재판소에서 시급히 결정해야 할 문제 중 하나가 바로 낙태죄다. 2012년에 합헌 판결이 내려지고 나서 2017년에 다시 낙태죄 위헌 여부 확인 헌법소원이 접수된 지 600여 일의 시간이 지났다. 그동안 무려 23만 명이 청와대에 낙태죄 폐지 청원을 했고 낙태죄 폐지를 위한 여성들의 시위가 계속되고 있다. 지난 8월에는 보건복지부가 비도덕적 진료 행위에 낙태 수술을 포함하여 산부인과 의사들이 낙태 수술을 전면 중단하기도 했다. 지금 이 순간에도 여성의 몸은 전쟁터다.

낙태라는 단어는 태아를 떨어뜨린다는 아주 자극적인 이미지와 함께 불법적인 임신중단을 지칭하는 아주 편향적인 용어다. 그만큼 낙태죄는 모든 법적 책임을 여성에게만 묻는 징벌적 죄목이다. 그러나 여성의 몸은 불법이 아니다. 여성의 몸은 공공재도 아니다. 여성은 하나의 인격체다. 그동안은 국가가 여성에게 출산을 줄여라, 늘려라 강요해왔다. 하지만 촛불이 성숙한 민주주의를 증거하는 지금, 국가는 더 이상 여성의 몸을 통제하려 해서는 안 된다.

그동안 헌재는 낙태를 줄이기 위해 형법으로 처벌할 수밖에 없다고 말해왔다. 그러나 낙태를 형법으로 처벌함으로써 낙태를 줄일 수 있다고 생각하는가? 이것은 정말 위선이다. 한국은 낙태죄를 걸개그림으로 걸어놓고 실제 낙태를 예방하거나 생명존중을 위해 해야 할 정치·사회적 역할과 수많은 의무는 모두 방기하고 있다. 정말 낙태를 예방하고 생명을 존중하려거든 낙태 비범죄화가 절실하다. 청소년에게 피임 교육을 제대로 해야 하고, 모든 시민에게 저녁이 있는 삶과 자녀 돌볼 권리를 보장해서 축복받으면서 환영받을 수 있는 임신이 가능해야 한다. 그런 노력 없이 임신중단만을 범죄시한다면 그것은 위선이라 할 수 있다. 최소한 임신 12주 이전에는 여성의 자기결정권이 존중되어야 하고, 또 사회경제적 사유에 의한 임신중단이 허용되어야 한다.

1974년 프랑스의 상황도 지금의 우리와 크게 다르지 않았다. 사문화된 것이나 마찬가지였지만 낙태죄가 있었고, 한 해에 30만 명이나 되는 여성들이 임신중단을 했지만 제대로 된 의료 서비스를 받지 못해 곤란을 겪었다. 프랑스 정부는 더 이상 고독과 수치에 잠긴 여성들의 비탄을 내버려둘 수 없다고 판단했고, 임신중단 합법화라는 카드를 꺼내들었다. 이에 당시 보건부 장관이었던 시몬 베유가 용감히 나섰다. 시몬 베유는 법안에 담긴 희망을 사수하기 위해 단호하면서도 진정성 있게 의원들을 설득하여 마침내 원하는 바를 이루어냈다. 프랑스가 가톨릭의 나라이고 의회의 대부분이 남성으로 이루어져 있었다는 것을 감안하면 그의 용기가 얼마나 대단한 것이었는지 느낄 수 있을 것이다. 여성에게 선택권을 주는 것뿐만 아니라 아이를 낳고 기르는 데 필요한 정부 차원의 지원책도 함께 제시하면서 시몬 베유는 젊은이들이 자신의 삶에서 가장 소중한 가치를 지킬 수 있다는 점을 신뢰해야 한다고 말했다. 이 연설문은 오늘날 프랑스의 출생률이 안정적이라는 사실과 더불어 우리에게 행복추구권에 대해 깊은 생각을 하게 해 줄 것이다.

차례

들어가는 말

시몬 베유의 용기가 우리를 부른다

1974년에 임신중단을 합법화하는 법안을 발의하고, 지키고, 이 법이 가결되어 임신중단이 합법화되기 위해서는 비범한 인물이 필요했다. 그 인물은 여성이어야 했다. 강인하고 신념이 있으며, 용감하고 헌신적인 여성. 도덕관과 윤리관이 매우 엄격한 여성. 중대한 의무감을 지니고 있음에도 휩쓸리지도 타협하지도 않으며, 여성의 수가 남성의 100분의 2밖에 되지 않아 자신에게 적대적인 의회에서 놀랍도록 투지를 불태우는, 카리스마를 가진 엄중한 여성. 이는 시몬 베유여야 했다. 그에게 이 임무를 맡기자는 번뜩이는 생각을 떠올린 사람은 발레리 지스카르 데스탱 대통령이었다. 시몬 베유는 이 임무를 당연하다는 듯 명예롭게 받아들였다.

그는 수백만의 여성들이 이 법안에 희망을 품고 있다는 것을 알아차렸다. 법안에 담긴 비탄과 고난도 익히 아는 바였다. 임신중단에는 개개인의 비극이 얽혀 있었다. 음지에서 행해지는 임신중단이 초래하는 피해로 인해 연간 300명의 사망자가 나오고 셀 수 없을 만큼 수많은 사람들이 상해를 입었다. 여기에는 프랑스의 사설 진료소나 외국에 가서 시술받을 수 있는 부유층과, 지식도 없이 길을 헤매며 어떤 위험을 무릅쓰더라도 임신중단을 해야 하는 빈곤층 간의 불평등도 있었다. 당국의 영원한 해결 과제인 보건계에서의 추문도 그는 알고 있었다. 이러한 주변의 상황은 시몬 베유의 분노에 불을 지폈고, 그 불은 활활 타올라 그를 행동하게 했다. 시몬 베유는 법안을 준비했다. 그리고 장엄한 연설로, 그 섬세한 어조를 통해 드러낸 진정성으로, 의원들에게 자신들의 도리를 다하라고 호소했다. 오늘날의 우리는 연설 뒤 어떤 폭풍이 휘몰아쳤는지, 어떤 증오와 열정이 잇따랐는지, 1974년 11월 의회에서 벌어진 토론에서 어떤 폭력과 야비함이 쏟아졌는지 상상할 수 없다. 하지만 어떤 우편이나 협박, 욕설, 모욕도 시몬 베유를 무너뜨리지 못했다. 그는 한 발짝도 물러서지 않았다. "저는 제가 어디로 가야 할지 알고 있었습니다." 베유는 간결하게 말했다. 단호하고 의연하면서 곧은 그는 마치 감정이 없는 사람 같았다.

베유 앞에 놓인 과제는 너무나 막중한 나머지 모든 것을 압도했지만 시몬 베유는 그 너머를 보았다. 속좁은 남자들의 욕설은 그를 해치지 못했다. 시몬 베유가 걸어온, 먼 데서 도착한 그 삶이 그에게 힘과 혜안을 주었다.

밤중에 회의가 진행되는 도중 찍힌 사진에는 시몬 베유가 국회 연단에 서서 고개를 숙이고 눈가를 훔치고 있다는 설명이 달려 있었지만 사실 그는 울지 않았다. 그저 피곤해했을 따름이다. 토론이 몇 시간 동안이나 지속되었으니 당연한 일이었다. 그러나 베유는 결코 동요하지 않았고, 밤이 끝날 때까지 대담을 이어갔다. 그 대담은 법안이 최종적으로 채택되기까지 열렬히 이어졌다. 몇 년에 걸쳐 법안이 개정될 때에도 베유는 그 과정을 끝까지 주시했다. 결국 자유가 확대되는 쪽으로 이야기가 진전되었고, 법안이 처음 만들어질 때의 정신은 살아남았다. 시몬 베유가 그 증거였다. 베유 법이라 이름 붙여진 임신중단 합법화 법안은 여성 해방의 역사에 확실한 이정표를 세웠다. 국립인구학연구소에 따르면 프랑스 여성 세 명 중 한 명이 사는 동안 최소 한 번은 임신중단 시술을 받는다. 물론 임신중단은 여전히 간단한 문제가 아니다. 임신중단은 병원에서 늘 홀대받아 병원 구조가 개편될 때마다 존립이 위태로우며, 우선순위에서 항상 밀려난다. 그리고 여전히 임신중단에 반대하는 의사들은 환자들이 수술 허용 주수를 넘기도록 의료 행위를 미룬다. 하지만 임신중단이 여성의 기본권이라는 것은 뚜렷한 사실이다. 그런데 언제까지나 그럴 수 있을까? 그렇게 믿고 싶다. 법안을 대리석에다 새겨 두고도 싶다. 하지만 어떻게 확신할 수 있겠는가. 대선마다 보수 진영과 종교 진영에서 임신중단에 반대하는 이들이 광분하며 몇몇 후보

틀 시지하는데? 미국에서 계속해서 이어지는 폭력적인 논쟁들과 프로라이프pro-life* 진영에서 구사하는 게릴라 전략을, 그들의 협박과 위협을, 유해한 그 힘을, 그리고 미국의 도널드 트럼프 대통령이 그들의 말을 주의 깊고 너그럽게 듣고 있음을 알고 있는데, 어떻게 확신할 수 있겠는가. 트럼프 대통령은 이미 임신중단을 지지하는 국제단체에 미국의 원조를 끊어서 재생산 건강과 가족계획에 대한 전 세계 10여 개 프로그램에 치명적인 타격을 주었다. 이외에 다른 나라들에서도 임신중단권은 각 국가의 상황 속에서 위태롭게 휘청거리고 있다. 최근 폴란드가 임신중단 금지 법안을 강화하려고 시도하는 동안, 다른 나라들은 임신중단을 계속해서 금지하거나 극도로 제한된 조건 하에서만 허용하고 있다. 오늘날 전 세계 여성 중 39.퍼센트만이 자유롭게 임신중단을 선택할 수 있다.

정신을 똑바로 차려야 한다. 시몬 베유는 이미 알

---

* 임신중단 수술을 반대하는 단체. 임신중단 수술을 찬성하는 단체로는 프로 초이스pro-choice가 있다.

고 있었다. 오팔 같이 투명한 눈과 불같은 기질을 가졌던 시몬 베유. 공정하고, 여성과 연대하며, 언제나 주저하지 않고 저항했던 여성. 1974년 11월 26일의 연설을 다시 읽으면 마음을 놓을 수 있는 것은 아무것도 없다는 것을, 그러니 투쟁을 계속 이어나가야만 한다는 명령을 듣게 될 것이다. 시몬 베유의 용기가 여성과 남성 모두를 부른다. 그의 기억은 우리를 우리의 의무 앞에 단단히 붙들어 놓는다.

아닉 코장Annick Cojean*

---

* 프랑스의 유명 언론인이자《르몽드》의 편집위원으로, 여러 권의 책을 출간하였다.

1974년 11월 26일 연설

"결정은 여성이
내려야 합니다"

존경하는 대통령님, 내외귀빈 여러분. 오늘 제가 보건부 장관으로서, 여성으로서, 비의원으로서 연단에 오른 까닭은 국민의 의원이신 여러분들께 낙태법을 대대적으로 수정하는 것을 요청드리기 위함입니다. 낙태라는 어려운 문제 앞에서, 또한 그것이 프랑스의 모든 여성과 남성들의 가장 내밀한 영역에 일으킨 반향을 마주하면서, 저는 겸허한 마음으로 우리가 다함께 지게 될 책임을 막중하게 여기고 있습니다. 하지만 동시에 우리 정부가 오랫동안 숙고하고 심의한 결과 만들어 낸 이 법안을 지켜내겠다는 굳은 신념을 가지고 있습니다. 대통령님의 말씀을 빌면, 이 법안은 '우리 시대가 당면한 가장 어려운 문제에 신중하고도 인간적인 해결책을 마련하여 혼란스럽고 부당한 상황에 종지부를 찍고자' 하는 목적을 가지고 있습니다.

우리 정부가 오늘 여러분들께 이 법안을 선보일 수 있었던 것은 몇 년 전부터 우리의 사회적 합의와 우리나라의 실상을 고려하여 새로운 법안 마련에 솔선하시었던 많은 분들 덕택입니다. 또한 메스메 정부에서 당시 혁신적이고 대담한 법안을 제출할 수 있도록 앞서서 길을 터 주신 덕분입니다. 우리 모두 장 태탕제 전 장관님의 훌륭하고 감동적인 연설을 기억하고 있습니다.

그리고 베르제 위원장님께서 주재하신 특별 위원회에서 이 분야에 능통한 전문가뿐 아니라 많은 의원님들께서 몇 시간 동안이나 귀를 열어 주셨던 덕이기도 합니다.

그러나 누군가는 여전히 이렇게 묻습니다. "새 법안이 꼭 필요한가?" 어떤 이들에게 이 문제는 간단합니다. 낙태를 금지하는 법이 있으니 그것을 적용하기만 하면 되기 때문입니다. 다른 사람들은 의회가 왜 지금 이 문제에 결단을 내리고자 하는지 의문을 제기합니다. 원래부터, 특히 금세기 초부터 낙태법이 엄격하게 존재하고는 있으나 거의 실행되지 않았다는 것을 모르는 사람은 없습니다.

그렇다면 무엇이 바뀌었기에 법으로 현실에 개입하고자 하는 것일까요? 어째서 원칙을 고수하고 예외적인 경우에만 법을 적용하지 않으려는 것일까요? 왜 낙태라는 불법행위를 인정하고, 심지어는 그것을 부추길 위험까지 감수하려 할까요? 우리 사회의 방임주의를 법의 테두리 안에서 포용하고, 애국심과 준엄함이라는 가치를 되살리는 대신에 왜 개인의 이기주의를 편드는 것일까요? 출생률 저하라는 위험한 움직임이 이미 진행되고 있는데, 임신한 여성들이 전부 출산을 해서 아이를 기를 수 있도록 포용적이고 건설적인 가족 정책을 만드는 대신 어째서 현상을 악화시키려는 것일까요?

바로 우리를 둘러싼 모든 상황이 우리에게 이런 질문이 나올 수밖에 없다는 것을 보여주기 때문입니다. 다른 방법으로 해결할 수 있더라도 전 정부와 현 정부가 이 법안을 선보였으리라고 생각하지는 않으시겠지요.

지금 이 문제에 있어 당국은 더 이상 책임을 피할 수 없는 시점에 다다랐습니다. 이 사실은 몇 년 전부터 지속적으로 진행되었던 연구들, 연이은 청문회, 다른 유럽 국가들이 겪는 현실을 비롯한 온갖 방식으로 증명되었습니다. 그리고 여러분들 가운데 대다수의 분들은 음성적으로 이루어지는 낙태를 막을 수 없음을, 더욱이 그 여성들을 형법에 따라 처벌할 수 없다는 사실을 이미 알고 계시며 역시 몸소 느끼고 계실 것입니다.

그러니 눈을 계속 감고 있을 수 없는 이유는 무엇이 겠습니까? 현재 우리가 무척이나 나쁜 상황에 마주했기 때문입니다. 나쁘다는 말보다도 비극적이고 개탄스러운 지경에 이르렀다 해야겠습니다.

법은 공개적으로 무시될 뿐 아니라 조롱당하고 있습니다. 발생하는 위법행위와 그 처벌 간의 간극을 보면 더 이상 억제라는 말을 쓸 수 없을 지경입니다. 시민의 준법 의식과 국가의 권위가 모두 흔들리고 있습니다.

의사들은 진료실에서 법을 어기고 그 사실을 공개적으로 알립니다. 검사는 사건을 조사할 때마다 그에 앞서 법무부에 책임을 전가합니다. 공공 사회복지 단체는 곤경에 빠진 여성들을 위해 낙태 정보를 알려주고, 공공연히 외국으로 낙태 수술을 받으러 갈 수 있게 모임을 조직하며 여성들을 버스에 실어 나르고 있습니다. 저는 이 상황을 더 이상 두고 볼 수 없는 혼돈과 무질서의 상태라 이르겠습니다.

그러면 왜 이처럼 상황이 악화되게 내버려두고 그
것을 용인하려 하느냐고 물으실 것입니다. 왜 법을 준
수하도록 법을 강화하지 않는 것이냐고 물으시겠지요.

의사들, 사회복지에 종사하는 이들, 몇몇 시민들이
이와 같은 불법행위에 가담하는 이유는 그렇게 할 수
밖에 없기 때문입니다. 개인적인 신념과 어긋남에도
불구하고 무시하고 지나칠 수 없는 상황에 맞닥뜨리
기 때문입니다. 임신을 지속하지 않겠다는 결단을 내
린 여성의 진료를 거부하고 도움을 주지 않는 것은 이
미 고통스러운 상황에 놓인 그 여성을 고립과 불안 속
에 내던져 영원한 상처 속에 살게 합니다. 그들은 같은
상황에 처한 여성이라도 그가 부유하고 교육을 받았더
라면 인접한 다른 나라로 가거나 심지어는 우리나라
의 병원에서도 낙태를 할 수 있는 방법을 찾으리라는
것을 알고 있습니다. 심지어 어떤 위험도 무릅쓰지 않

고 어떤 벌도 받지 않으며 임신을 중단합니다. 그렇다고 이들이 특별히 비도덕적이거나 무분별한 사람들인 것도 아닙니다. 한 해에 30만 명의 여성이 낙태를 합니다. 그들은 우리의 이웃입니다. 우리는 그들과 매일 마주치면서도 그들의 비탄과 곤경을 알지 못하고 있을 뿐입니다.

이 혼돈은 끝나야만 합니다. 이런 부정의는 바로잡아야만 합니다. 그렇다면 어떻게 할 수 있을까요?

확고한 신념을 담아 제가 말씀드릴 수 있는 것은, 낙태는 어디까지나 예외로 존재해야 한다는 점입니다. 그것은 막다른 골목에서만 궁극적으로 꺼내들 수 있는 방편이어야 합니다. 그렇다면 낙태가 예외성을 잃지 않는 동시에 사회가 낙태를 부추기는 것처럼 보이지 않으면서 낙태를 용인할 수 있는 방법은 무엇일까요?

대부분 남성으로 이루어진 의회에서 이렇게 말씀

드리기가 송구합니다만, 우선은 여성으로서의 저의 신념을 나누고자 합니다. 낙태 수술을 즐겁게 받는 여성은 어디에도 없습니다. 이 문제는 그저 여성의 말을 듣는 것으로 충분합니다. 여성에게 낙태는 비극이고, 언제나 그러할 것입니다.

여러분께 선보인 법안이 현 상황을 고려하여 만들어졌기에 낙태의 가능성을 인정하는 것이기는 합니다. 허나 이는 그만큼 그 가능성을 통제하고, 여성을 가능한 한 만류하기 위함입니다.

우리는 번민에 처한 여성들이 의식적으로든 무의식적으로든 바라는 것에 답해야 합니다. 그 바람이 무엇인지는 1973년 가을에 진행된 특별 위원회에서 이미 분석하고 설명하는 과정을 거쳤습니다.

비탄에 빠진 이 여성들을 누가 보살피고 있습니까? 현재의 법은 여성들을 오욕, 수치, 고독에 빠뜨릴 뿐 아니라 익명의 존재로 만들고 구속에 대한 두려움에 떨게 합니다. 여성들은 자신의 상태를 감추어야 하고, 곁에 자신의 말을 들어주고 한 줄기 빛이 되어 도움과 보호를 제공해 줄 사람 없이 홀로 남겨집니다.

억압적인 법의 전면적인 수정을 요구하면서 투쟁하는 이들 중에, 곤경에 빠진 여성들을 도우면서 걱정했을 이들이 얼마나 많겠습니까? 잘잘못을 따지는 데 그치지 않고 홀로 아이를 기르는 젊은 여성들을 이해하고 그들에게 필요한 도움을 주었던 이들은 또 얼마나 많겠습니까?

일반화할 수 없다는 것을 알고 있지만, 책임감을 느끼고 모성을 발휘하기 위해 모든 시도를 다 해 보았을 여성이 있음을 모르는 것이 아닙니다. 우리는 그런 이들을 도울 것입니다. 따라서 여성들로 하여금 초기에 법으로 예정된 상담을 받도록 할 것입니다.

그러나 배려와 도움이 낙태를 막는 데 충분한 조건이 되는 것은 아닙니다. 물론, 여성들이 마주한 어려움이라는 것은 그들이 피부로 느끼는 것보다 사실상 덜 심각한 경우도 많습니다. 어떤 이들은 비극을 딛고 이겨낼 수 있습니다. 그러나 다른 이들은 자살, 가정의 파괴, 아이들의 불행만큼이나 자신이 궁지에 몰린 상황이라고 여깁니다.

바로 이것이야말로 우리가 '편의상' 일컫는 낙태라는 상황보다 훨씬 흔하게 볼 수 있는 현실입니다. 그렇지 않다면 어째서 많은 나라들이 하나씩 법안을 수정하면서 과거에 엄격하게 제재했던 낙태가 합법화되어야 한다는 방향으로 나아가겠습니까?

그리하여 정부는 국가가 더 이상 용인할 수 없고 많은 이들이 보기에 불공정한 현 상황을 인지하고, 개입하지 않는 기존의 쉬운 길, 다시 말해 방임주의 노선을 포기했습니다. 정부는 책임을 통감하는 뜻에서, 이 문제를 현실적으로, 인간적으로, 공정하게 해결할 수 있는 방책을 마련하기 위해 법안을 발의한 것입니다.

분명 누군가는 우리가 여성의 이익에만 관심을 가지고, 그 관점에서만 이 법안을 마련했다고 생각할 것입니다. 사회나 국가, 태어날 아이의 아버지나 심지어는 태아도 중요하게 다루어지지 않은 듯하니까요. 이 법안이 오직 여성만 관련되어 있는 개인적인 일이고 국가는 상관이 없는 일이라고 생각하지는 않습니다. 이 문제는 우선적으로 국가와 관련되어 있으나, 다양한 각도에서 보았을 때 그러하다는 말입니다. 그렇다고 해서 항상 똑같은 해결책으로 귀결되어야 하는 것도 아닙니다. 국가의 이익이란 프랑스의 인구의 연령대가 젊어야 하고, 인구수가 증가세를 띠어야 한다는 뜻이리라 짐작합니다. 피임 자유화 법 다음에 이런 낙태 합법화 법안이 채택된다면 이미 심각한 정도로 떨어지기 시작한 출생률이 급격히 저하되지 않을까 우려하시겠지요?

그렇지만 이것은 새로운 일도, 오직 프랑스에서만 발생하는 일도 아닙니다. 유럽 국가 전역에서는 피임이나 낙태 합법화 여부와 관계없이, 이미 1965년부터 꾸준히 출생률과 출산율이 낮아지고 있습니다. 이렇게 일반적으로 일어나는 현상에 단순한 원인을 찾고자 하는 것은 무모한 일입니다. 어떤 설명도 국가적인 차원에서 일어나는 일을 완벽히 설명할 수 없습니다. 이는 오늘날 우리가 몸담은 문명사회가 우리로서는 거의 알지 못할 복잡한 규칙들로 유지되고 있다는 방증입니다.

　　다른 많은 나라들의 인구통계를 보면, 낙태법 개정은 출생률, 특히나 출산율의 변화와 상관관계가 없다는 것을 알 수 있습니다.

　　다만 루마니아의 사례가 이 주장에 대한 반례가 되는 것처럼 보이는 것은 사실입니다. 루마니아 정부는 1966년에 그로부터 10년 전에 취했던 낙태에 대한 억압적이지 않던 태도를 번복하였고, 이후 출생률이 폭발적으로 증가했기 때문입니다. 하지만 우리가 빠뜨린 사실이 있습니다. 그 이후 폭발적인 증가세에 못지않게 출생률이 하락했다는 점입니다. 루마니아에서는 어떤 현대적인 방식의 피임법도 존재하지 않았기 때문에, 낙태가 산아를 조절하는 기본적인 방법이었다는 사실에 주목해야 합니다. 억압적인 법을 통한 난폭한 개입이 그런 맥락에서 이루어졌다는 사실은 이 현상이 예외적으로 반짝 등장했던 이유를 잘 말해 줍니다.*

본 법안의 채택이 우리나라의 출생률에 거의 영향을 미치지 않으리라는 점, 잠깐 동안 혼란스러운 시기가 지나고 나면 음지에서 이루어지던 낙태가 합법적으로 이루어지리라는 점을 생각해 보아야 합니다.

---

* 루마니아의 독재자 니콜라에 차우셰스쿠는 출산율을 높이겠다는 명목으로 만 40세 이전에 아이를 4명 낳기 전까지 낙태를 금지하는 정책을 발표했다. 그 결과 1967년 루마니아 신생아 수는 전년 대비 거의 2배로 늘어났으나 해가 갈수록 그 수는 계속해서 줄어들었다. 고아원에 맡겨지는 아이의 수가 크게 늘었고, 영양결핍과 유아사망이 만연했다. 1989년에 낙태 금지법이 폐지되기까지 모성사망비는 7배 증가했다.

그리고 물론 우리나라의 저출산 문제는 낙태 법안의 상태와 관련이 없다고 하더라도 우려스러운 현상이며, 정부가 시급히 대처해야 할 문제입니다.

대통령님께서 주재하시는 기획위원회 모임의 초반부는 프랑스의 인구통계학적인 문제를 살피고 국가의 미래를 위해 우려스러운 현실에 제동을 걸 방법을 모색하는 데 할애될 예정입니다.

가족 정책과 관련해서 정부는 저출산 문제는 낙태 법안과 구분되는 문제이며, 입법 논의에서 이 두 문제를 연결 지을 필요가 없다고 보았습니다.

가족 정책이 중요하지 않다는 것을 말하는 것이 아닙니다. 금요일부터 의회는 독신모에게 돌아가는 양육 수당과 고아 수당 체계를 개선시킬 법안을 숙고할 예정입니다. 또한 이 법안을 바탕으로 모성수당체계와 젊은 부부들의 대출 문제를 개혁할 예정입니다.

제 경우에는 의회에 다양한 법안을 제출할 준비가 되어 있습니다. 우선 그중 한 법안은 일하는 여성들을 사회보장제도 하에서 지원하여 그들의 경제활동을 장려하는 방침입니다. 다른 하나는 임신 기간 동안, 그리고 아이를 낳아 기르는 초반에 어려움을 겪는 젊은 엄마들을 보살피는 보호 센터의 조건을 개선하고 재정을 지원하는 것입니다. 특히 불임으로 고생하는 부부들을 위해 진료비 본인 부담을 전액 삭감하고자 합니다. 또한 불임으로 절망하는 많은 부부들의 문제 해결에 집중하는 연구를 1975년부터 진행하도록 국립보건의학연구소에 의뢰한 상태입니다.

그리고 리비에레 의원님께서 작성한 입양 보고서의 결론 부분을 법무부 장관님과 함께 준비하고 있습니다. 아이를 입양하고자 하는 수많은 이들의 바람에 답하기 위하여, 입양에 관한 최고회의를 설치하기로 결정하였습니다. 이 회의를 통하여 입양 문제에 유용한 모든 제안들을 받아들일 것입니다. 마지막으로, 뒤

라푸르 장관님께서 발표하신 대로, 정부는 제가 주재하는 가족자문위원회에서 결정된 사항을 기반으로 하여 오는 주부터 가족 관련 단체와 함께 협상을 통하여 협정을 맺을 것이며, 협정의 내용은 가족 관련 단체 대표의 동의를 얻어 마무리지을 예정입니다.

사실상 모든 인구학자들이 강조하듯이, 중요한 것은 프랑스인들이 한 부모 슬하에서 이상적이라고 생각하는 아이의 수를 바꾸는 일입니다. 이 목표는 무척이나 복잡다단하기에, 낙태에 대한 논의는 재정적인 문제에 국한해 진행될 수 없습니다.

이 법안에 등장하지 않는 또 다른 존재는 바로 아버지입니다. 모두 느끼고 계시겠지만 낙태라는 결정은 오로지 여성 혼자만의 몫이 아니라 배우자와 함께 고민한 끝에 이루어져야 합니다. 저는 그렇게 되기를 언제나 바라므로 위원회가 이 문제를 해결할 수 있는 수정안을 제안하도록 허락하였습니다. 그러나 이 문제에서 아버지에게 법적인 의무사항을 정하는 것은 사실상 불가능합니다.

마지막으로 이 법안에는 보시다시피 여성이 품고 있는 잠재적인 생명에 관해서는 언급하지 않았습니다. 이미 청문회에서 과학적이고 철학적인 논의들이 해결될 수 없는 문제를 제기하는 모습을 보았으므로 이 자리에서는 그것에 관한 논의에 진입하기를 거부하겠습니다.

철저히 의료적인 관점에서 보자면, 오늘날에는 배아가 인간 존재가 될 잠재성을 가지고 있다는 것을 누구도 부인하지 않습니다. 하지만 인간 존재는 때가 되기 전까지 모든 위험 요소를 뛰어넘어야만 다다를 수 있는 미래이자, 삶을 이어가는 연약한 고리이기도 합니다.

국제보건기구의 연구에 따르면, 임신 100건 중 45

건이 초반 2주 안에 유산하며, 3주 이상 된 임신 100건 중에서는 4분의 1이 오로지 자연적인 이유로 출산까지 이르지 못합니다. 자신의 몸에서 생명의 징후들을 처음으로 느꼈을 때, 여성이 언젠가 자신의 아이가 될 존재를 품었다는 것을 강하게 인지한다는 사실만이 우리가 유일하게 확신할 수 있는 것입니다. 그리고 강한 종교적 신념을 가진 여성들을 제외하면, 태중의 존재와 아이에 대해 느끼는 감정에는 간극이 있기 때문에 영아 살해는 끔찍하게 여길 것이 분명한 여성들도 낙태는 고려하게 되는 것입니다.

어느 소중한 존재의 미래가 돌이킬 수 없을 만큼 위태로운 상황에 놓여 있다면, 때로는 원칙보다 동정심이 우위에 선다는 것을 인정하지 않을 사람이 우리 중에 얼마나 되겠습니까.

낙태 행위가 정말 다른 유사한 범죄처럼 치부되었더라면 지금과 같은 상황은 벌어지지 않았을 것입니다. 본 법안에 극렬하게 반대하는 이들 중에서도, 몇 분은 낙태에 대해서 더 이상 기소를 하지 않는 데 찬성하고 계십니다. 그리고 이런 분은 낙태의 형사 기소를 중단하는 법에는 지금보다 덜 열정적으로 반대표를 던졌을 것입니다. 이미 낙태라는 행위가 특별한 성격을 띠고 있음을, 혹은 고유의 해결책을 필요로 하는 행위임을 알고 있다는 것입니다.

의회에 계신 여러분께서는 이 문제에 대하여 오래 이야기했다고 저를 원망하지 않으실 줄로 압니다. 여러분께서는 이 점이 바로 핵심이자 논의의 기반이라 느끼셨을 것입니다. 저는 이것을 법안의 내용에 대하여 이야기하기 전에 짚고 넘어가고자 했습니다.

오늘 여러분께 선보인 법안을 준비하면서, 정부는 세 가지 목표를 세웠습니다. 현실적으로 적용 가능한 법안, 낙태를 억제할 수 있는 법안, 여성을 보호할 수 있는 법안을 만들자는 것입니다.

이 세 가지 목표는 법안의 원칙을 설명해 줍니다. 우선은 적용 가능한 법입니다.

낙태가 허용되는 경우를 정의하기 위해 그 양태와 결과를 면밀히 소사한 결과, 이 시도 자체에 도저히 용납할 수 없는 모순들이 존재한다는 사실을 밝혀냈습니다. 만일 임신 상태가 여성의 신체 혹은 정신 건강에 심각한 위해를 가할 경우나, 법관에 의해 강간이나 근친상간으로 밝혀진 경우와 같은 조건을 정의하여 현실에 적용한다면 개정안이 소기의 목적을 달성하지 못할 것이 자명합니다. 실제로 이루어지는 낙태 가운데 그러한 동기로 이루어지는 낙태의 비중은 무척 적기 때문입니다. 게다가 강간이나 근친상간을 인정받으려면 입증이 필요한데, 한정적인 기한 내에서 이러한 절차가 이루어지는 것은 불가능합니다.

반대로 심리적인 건강이나 안정에 위협을 가한다거나 물질적인 혹은 정신적인 조건상의 어려움과 같이 광범위한 정의가 주어진다면, 조건에 부합하는지 결정할 책임을 지는 의사들이나 위원회가 객관적으로 판가름하기에는 그 기준이 되는 정의가 충분히 구체적이지 않습니다.

이러한 체계에서는 낙태 수술 허가가 의사나 위원회 구성원 개인의 성격에 따라 좌우될 수밖에 없습니다. 그리고 포용력이 좋은 의사나 관대한 위원회를 찾느라 또 한 번 막다른 길에 놓이는 것은 수완을 가지지 못한 여성들입니다.

이런 부정의를 피하기 위하여, 허가는 자동적으로 내려져야 합니다. 허가를 받기 위한 절차는 무용해질 것이며, 법정에 선 양 모욕을 느끼고 싶어 하지 않는 여성들에게 결정권이 돌아갈 것입니다.

입법자가 발효된 법조문을 개정하고자 하는 까닭은 음지에서 실시되는 낙태에 종지부를 찍기 위함입니다. 사회적인 이유, 경제적이거나 심리적인 이유로 곤경에 처했다고 느낄 때 여성들은 어떤 조건에 있든 상관없이 임신을 중지합니다. 그렇기 때문에 정부는 구체적이거나 모호한 문형으로 정의하기를 거부하고 현실을 마주하는 편이 낫다고 판단하여 낙태에 대한 결정이 궁극적으로 여성에 의해서 내려져야 한다는 점을 인정코자 합니다.

그렇다면 여성에게 결정권을 주는 것이 낙태를 만류한다는 법안의 두 번째 목적과 상충되지 않을까요?

아니요. 이것은 모순되지 않습니다. 여성이 자신의 행위에 온전히 책임을 지게끔 지지한다면 다른 이가 대신 결정을 내린다고 느낄 때에 비해 더 신중히 고민할 것이기 때문입니다.

정부는 여성의 책임을 분명히 하는 해결책을 선택하였습니다. 당사자인 여성은 사실상 관련자인 척하거나 곧 그런 척을 그만둘 제삼자가 내려주는 허락보다 더 강력한 억제책이기 때문입니다.

중요한 것은 여성이 고립되거나 불안에 떨면서 낙태하지 않게 할 정부의 책임입니다. 그러한 책임을 우회하는 절차를 만들지 않고자 하면서, 본 법안은 여성이 내리고자 하는 결정의 엄중함을 헤아리게 하기 위하여 다양한 방식의 상담을 예비하고 있습니다.

여기서 의사의 역할이 중대합니다. 우선 현재 잘 알려졌듯이 낙태가 여성의 몸에 가져올 위험을 주지시키고, 특히 차후에 아이를 가졌을 때 조산의 위험이 있음을 일러주어야 합니다. 그리고 피임 문제에 대해 경각심을 일깨워야 합니다.

낙태 만류와 상담의 임무는 의사 집단에 특권적으로 부여됩니다. 의사들이 여성들이 무의식적으로나 의식적으로 원하는 신뢰 있고 사려 깊은 대화를 하고자 노력하리라고, 그들의 경험과 인간에 대한 감각을 보아 믿고 있습니다.

　법안은 또한 여성이 혼자서나, 혹은 배우자가 있다면 배우자를 동반한 채로 사회적 기관에 방문하여 상담 받아야 한다는 내용을 명시하고 있습니다. 그들의 목소리를 듣기 위함입니다. 상담을 통해 여성은 곤경에 빠진 상황을 밝힐 수 있고, 그 곤경이 재정적인 문제라면 국가가 도움을 줄 수 있는 방법을 모색하고, 아이를 낳는 데 문제가 될 것으로 예상되거나 실제로 문제가 되는 난관들이 무엇인지 인식하게 됩니다. 이 과정을 통해서 여성들은 비용을 들이지 않고, 익명으로 출산을 할 수도 있고 입양을 보내는 것도 한 가지 방법이라는 사실을 알게 될 것입니다.

　물론 우리는 이러한 상담 과정이 가능한 다양화되기를 바라고 있습니다. 특히나 어린 여성들을 전담하는 기관의 경우, 여성들이 결국 계획을 바꾸는 데 영향을 주는 보살핌과 도움을 계속 제공할 것입니다. 지원은 기본적으로 일 대 일로 이루어질 것이며, 곤경에 빠진 여성들을 보살피는 이들의 경험과 사고방식은 여성들로 하여금 생각을 바꾸게 하는 데 무시 못 할 영향을 미칩니다.

이는 여성들에게 피임이라는 문제를 환기시키고, 미래에 또 다시 원치 않는 임신을 한 경우에 낙태라는 결정을 다시는 내리지 않을 수 있도록 피임의 중요성을 깨닫게 할 새로운 계기가 될 것입니다. 낙태를 막을 수 있는 가장 좋은 방법은 산아 조절에 관한 정보를 제공하는 것입니다. 이는 아주 중요하므로 낙태 수술을 행하는 시설에서 산아 조절에 관한 정보를 제공하지 않을 시 폐업한다는 조건 하에 이를 의무화하는 방안도 준비하였습니다.

여성이 거치게 될 두 번의 면담과 여성에게 부여되는 8일 간의 숙려기간은 여성으로 하여금 이 행위가 정상적이거나 평범한 것이 아니며 결과의 무게를 지지 않고는 내릴 수 없는 무거운 결정이므로 최대한 피해야 할 상황임을 자각하게 하기 위하여 필수적인 조치입니다.

일련의 조치를 통해 인식을 한 뒤에도 여성이 결정을 바꾸지 않으면 그는 낙태 수술을 받게 됩니다. 이때 수술은 여성을 위한 의료적 조건이 엄격히 뒷받침되지 않고서는 행해질 수 없습니다. 이것이 바로 법안의 세 번째 목표인 여성의 보호입니다.

우선, 낙태는 초기에 행해져야만 합니다. 수정 이후 10주가 지나면 낙태로 인해 여성이 받게 되는 심리적 혹은 신체적 위해가 심각해지기 때문입니다.

낙태 수술은 오로지 의사만 행할 수 있습니다. 이는 낙태 법안을 개정한 모든 나라에서 세운 규칙이기도 합니다. 하지만 어떤 의사나 의료 보조인에게도 낙태 수술을 하라고 강요할 수 없음은 자명합니다.

그리고 여성의 안전을 더 보장하기 위하여, 낙태 수술은 민간 혹은 공공 의료시설에서만 허용되어야 합니다.

정부가 필수로 규정하는 조치들과 형법 제317조에 의해 여전히 처벌에 이를 수 있는 조건들을 존중하는 문제에 정부가 질서를 재편하고자 하는 의지가 담겨 있음을 숨겨서는 안 될 것입니다. 여성들이 합법적으로 안전한 조건에서 수술을 받음으로써 여태까지 암암리에 이루어져 왔던 시술은 뿌리 뽑히게 될 것이고, 더 이상 용인될 수 없을 것입니다.

또한 정부는 선전과 광고에 관해서, 1920년 법에서 마련되었던 기존의 조치를 대신할 새로운 조치를 적용하겠다는 굳은 의지를 보였습니다. 소문과는 달리 본 법안은 법안과 낙태에 대한 정보 제공을 금지하지 않습니다. 다만 낙태를 부추기는 행위는 용인할 수 없으므로 그러한 행위는 금지합니다.

정부는 또한 누군가가 낙태를 통해 금전적 이익을 보는 일이 발생하지 않도록 강경한 태도를 견지하고자 합니다. 따라서 수술이나 입원비는 비용에 대한 법에 근거하여 설정된 상한선을 넘을 수 없습니다. 이와 비슷한 우려에서 비롯된 조치로는, 몇몇 국가에서 나타난 악용 사례를 피하기 위해 외국인 여성들은 낙태 수술을 받을 때 거주지를 증명해야 한다는 사항이 있습니다.

이제 여러분들께 사회보장기금에 의해 낙태 비용이 환급되지 않는다는 정부의 결정사항에 대해 설명드리고자 합니다. 이 점은 일각에서 비판을 받기도 하였습니다.

치과 치료, 선택 접종, 돋보기 안경이 사회보장기금

에 의해서 환급되지 않거나 그 비중이 적다는 점을 감안할 때, 어떻게 낙태가 환급 대상에 포함된다는 사실을 납득할 수 있겠습니까?

사회보장기금의 일반 원칙대로 생각해 보면, 낙태 수술은 치료가 목적이 아니므로 환급 대상이 될 수 없습니다. 이 원칙에 예외를 두어야 할까요? 우리는 그렇게 생각하지 않습니다. 어떤 경우에 여성들에게 재정적 부담을 안기는 일이 있다고 하더라도 예외로 한정되어야 할 낙태의 엄중성을 강조하는 일이 중요한 까닭입니다. 중요한 것은 여성이 낙태를 필요로 할 때에 자신의 형편이 걸림돌이 되어서는 안 된다는 점입니다. 따라서 빈곤층을 위한 의료 지원책이 준비되어 있습니다.

중요한 것은 낙태가, 여성들이 아이를 원하지 않을 때 전적으로 권장되며 따라서 사회보장기금이 비용을 환급하기로 결정한 피임과는 구분되어야 한다는 점입

니다. 낙태는 사회가 용인한다고는 하나 피임처럼 국
가가 비용을 부담하거나 권장되지 않을 것입니다.

아이를 원하지 않는 여성은 몹시 드뭅니다. 모성애
는 여성이 삶에서 누리는 성취감의 일부를 이루며 그
행복을 알지 못하는 여성은 심히 고통받습니다. 일단
태어난 아이는 웬만해서는 버려지지 않고 어머니의 품
으로 갑니다. 아이가 처음으로 미소를 지으면 어머니
는 자신이 경험할 수 있는 가장 큰 기쁨을 맛봅니다.
그러나 어떤 여성들은 심각하게 어려운 상황에 처한
탓에 자신이 아이에게 마땅히 주어야 할 감정적인 안
정과 배려를 줄 수 없는 상태라고 생각합니다. 이때, 여
성들은 아이를 갖지 않기 위하여 혹은 맡지 않기 위하
여 할 수 있는 것은 무엇이든 합니다. 누구도 그런 여
성을 막을 수 없습니다. 하지만 동시에 이 여성들은, 몇
달이 지나 자신이 처한 감정적 혹은 물질적인 조건이
달라지면, 가장 먼저 아이를 원하고 누구보다 사려깊
은 어머니가 됩니다. 그렇기 때문에 여성들이 불임이

되거나 건강에 치명적인 해를 입는 일을 감수하면서
음지에서 행하는 낙태를 막아야 합니다.

이제 준비한 발언의 막바지에 다다르고 있습니다.
저는 여러분들께 곧 함께 조목조목 들여다보게 될 법
안의 상세 내용을 설명하기보다는 법안에 깃든 철학에
대하여 말씀드리고 싶었습니다.

여러분 중 몇몇은 이 법이 아무리 낙태를 음지에서
꺼내고 금지된 상황으로부터 벗어날 수 있게 한다고
하더라도 양심에 따라 찬성하지 않으실 것을 알고 있
습니다.

이 법안이 낙태라는 문제의 모든 면면을 심도 깊고
정직하게 숙고한 결과임을, 그리고 정부가 이 법안을
의회에 제출했다는 것은 법안이 일으킬 즉각적인 반향
뿐 아니라 국가의 미래를 고려한 책임 있는 행위였음
을 믿어 주시기 바랍니다.

이에 대한 하나의 증거는 입법 과정에서 예외적으로 여겨지는 절차가 도입되었다는 점입니다. 정부는 여러분들께 본 법안의 적용 기한을 5년으로 제한할 것을 제안하고 있습니다. 여러분께서 투표하는 본 법안이 한시적으로 적용되는 기간 동안 인구 변화나 의료상의 진보와 더 이상 맞지 않는다고 여겨지면, 5년 이후 의회에서 그때 나올 새로운 정보들을 고려하여 다시금 의사를 표현할 수 있습니다.

누군가는 여전히 머뭇거립니다. 그들은 너무나 많은 여성들이 곤경에 빠져 있음을 알고 있고 그들을 돕고자 합니다. 하지만 동시에 법이 가져올 효과와 결과를 두려워합니다. 그들에게 제가 할 수 있는 말은, 법이 포괄적이기 때문에 추상적인 경우에는, 개인적인 상황에 적용될 때 비참한 결과를 야기한다는 점입니다. 만일 법이 더 이상 금지하는 게 없어진다 해도, 낙태에 대한 권리가 생겨나는 것은 아닙니다. 몽테스키외의 말을 인용하면 '인간법은 일어나는 사건에 승복하며 인간의 의지가 바뀌는 데에 따라 변한다. 그러나 이와 반대로 종교법은 절대로 바뀌지 않는다. 인간법은 선을 규정하고, 종교법은 최선을 규정한다.'는 것입니다.

바로 이 정신에서 비롯하여 대략 10여 년 간, 법무부 장관이실 때 협력할 수 있어 영광이었던 법제사법위원회장님 덕분에 민법이 개혁되어 젊음을 되찾을 수 있었던 것입니다. 누군가는 가족에 대한 새로운 심상을 법적으로 인정하면 결국 그것을 망치게 되는 것이 아닐지 두려워할 것입니다. 그러나 이는 사실이 아닙니다. 우리는 비로소 더 공정하고, 더 인간적이고, 우리가 살고 있는 사회에 더 적합한 법안을 가지게 되었음을 영예롭게 여길 수 있게 된 것입니다.

지금 우리가 토론하고 있는 이 문제가 각자의 양심을 뒤흔드는 무척이나 첨예하고 심각한 문제임을 알고 있습니다. 하지만 이는 결국 사회가 당면한 문제이기도 합니다.

논의가 진행되는 동안, 저는 어떤 저의도 없이, 그리고 제 모든 신념을 다하여 이 법안을 정부의 이름으로 지켜낼 것입니다. 그러나 실제로 낙태라는 주제에 관한 법안을 변호하면서 뿌듯함을 느낀 이는 아무도 없으리라는 것 또한 사실입니다. 그러나 이 주장에 대해서는 보건부 장관은 물론이요 누구도 반론을 제기한 적이 없습니다. 바로 낙태가 비극이 아니게 될 때, 그것은 그저 실패가 된다는 것입니다.

우리는 이 나라의 여성들을 해치고, 우리의 법을 무시하고, 낙태가 필요한 이들에게 모욕과 정신적 외상을 안기면서 매년 일어나는 30만 건의 낙태에서 더이상 눈을 돌릴 수 없습니다.

역사는 프랑스 국민들을 분열시키며 이루어졌던 대대적인 논쟁들이 시간이 지나고 보면 관용과 신중함이라는 전통을 가진 이 나라에 새로운 사회적 합의가 구성되는 데 꼭 필요한 초석이었음을 보여줍니다.

저는 미래를 두려워하는 류의 사람이 아닙니다. 젊은 세대들은 우리와는 다른 모습으로 우리를 놀라게 하곤 합니다. 우리 역시 우리가 길러지던 방식과 다르게 그들을 길러냈습니다. 젊은 세대는 다른 세대와 같이 용감하고, 열정과 헌신을 다할 줄 압니다. 그들이 자신의 삶에서 가장 소중한 가치를 지킬 수 있는 사람들이라는 점을 부디 신뢰합시다.

여성의 역사에 중요한
변곡점을 만들다

20세기는 임신중단을 둘러싼 논쟁이 치열했던 시기였습니다. 그런데 역사를 거슬러 올라가 보면 임신중단 수술은 이미 고대 그리스와 이집트, 로마 등지에서도 이루어졌다는 사실을 알 수 있습니다.

여성은 항상 원치 않는 임신이라는 문제에 부딪쳤습니다. 그리고 항상 여성은 그 해결책을 찾아냈습니다. 어느 사회에, 어느 문명에 몸담고 있는 여성이든 감당할 수 없는 임신을 했을 경우 심각하게 내상을 입히는 방편을 포함해 어떤 수를 써서든 임신을 중단할 방도를 마련한 겁니다. 결혼을 비롯해 정상적인 결합으로 여겨지는 관계에

서 비롯된 임신이든 간통이나 혼외관계에서 일어
난 임신이든 상관없이 말입니다. 특히 혼외정사로
임신을 했다는 사실이 여성들에게 안긴 오욕에 대
해서는 잘 알고 계시겠지요. 혹은 법이 이들을 처
벌하기도 했습니다. 예를 들어 샤리아 법은 여성
에게 투석형을 가해 죽음에 이르게 했지요. 젊은
여성들이 이와 같은 이유로 처벌당한 건 프랑스에
서조차 오래된 일이 아닙니다.

영속적인 문제이자 여성의 문제라고 할 수 있네요.

　그렇죠. 여성의 문제입니다. 이 문제는 한 번
도 남성에게는 지워진 적이 없습니다. 곤경에 처
한 여성들에게 남성이 도움을 주거나 이해해 주거
나 지지를 보이는 일은 매우 드물었어요. 배우자
의 임신이 남성의 힘과 성적인 능력을 보여주는
표지이기 때문이거나, 많은 남성들에게 여성의 존

재 이유가 임신이기 때문이었겠지요. 또 다른 존재의 이유란 영유아 사망률이 높았던 시절 아이를 최대한 많이 낳을 것, 특히 되도록 남아를 낳아 대를 이을 것, 또한 필요시 남성들이 늙었을 때 그들을 부양할 것이 있었습니다. 그게 아니라면 남성들은 태어날 아이의 삶에 최소한의 책임도 질 생각이 없었기 때문일 수도 있습니다. 여성이 위험을 무릅쓰고 위협을 감수하며 문제를 해결할 때, 이들 곁에는 아무도 없었거나 다른 여성들이 있었습니다. 여성들은 늘 그랬습니다. 여성들은 임신중단을 하는 다른 여성을 도왔습니다. 때로는 도움에 금전적인 보답이 따르기도 했지만 많은 경우가 순전히 연대에서 우러난 행동이었습니다.

임신중단을 금지하는 오래된 조항들을 보면 배아의 생명을 존중한다는 의식은 결코 찾아볼 수가 없고 아버지의 이익이 보장되지 못할까 봐 전전긍긍하는 태도만이 눈에 띕니다. 아버지만이 자녀의 생사여탈권을 쥔 유일한 존재였죠. 그러고 나서 교회는 태아를 개인으로 취급하고, 곧 태어날 아이가 세례 전까지 보호를 받아야 할 필요가 있다는 주장을 펼치기 시작했습니다. 결국 임신중단은 법의 이름을 빌어 도덕을 침해할 뿐만 아니라 사회와 국가의 이익에 반하는 중죄로 치부되었습니다.

그게 바로 산아 증가를 주창하던 이들의 논쟁 기반입니다. 나폴레옹 전쟁이 끝날 무렵, 그때까지만 해도 유럽에서 인구밀도가 가장 높던 프랑스는 급격하게 인구가 감소하기 시작했습니다. 전쟁으로 인명 손실이 막대했기 때문이죠. 그러나 19세기 말엽에도 인구가 자발적으로 제한, 혹은 계획되는 현상이 일어납니다. 당시의 엄숙주의에도 불구하고 가정 내에서 재산 문제로 산아를 제한했던 겁니다. 이런 상황은 인구 감소, 나아가 프랑스의 '소멸'을 우려하는 이들의 말들을 낳았습니다. 그리고 유혈이 낭자했던 제1차 세계대전이 일어난 1914년 이후로, 임신중단은 피임과 함께 '국가적인 위협'이자 '국가에 반한 죄'가 됩니다. 이어 산아 증가를 제창하던 이들이 악이 퍼지고 있음을 주지시키기 위해 통계를 들먹이며 연설했고, 그것은 임신중단을 선동하는 모든 행위와 임신을 막는 모든 프로파간다를 금지하는 1920년 법으로 이어졌습니다. 다양한 조치들이 취해져 가족 구성을 장려하고 보호하고자 했고 그 가운데 1939년 가족법도 있었습니다. 비시 정권에서는 이런 경향을 사상적인 이유로 한층 강화하면서, 1940년 제2차 세계대전의 패인을 출생률 저하로 돌리기까지 했습니다. 사상적인 이유뿐 아니라 독일로 잡혀간 막대한 포로의 수를 벌충하기 위한 조치이기도 했지요.

비시는 연설에서 임신중단을 선택하는 여성에게 '악한 여성', '아이를 죽이는 살인자'라는 낙인을 찍었고, 임신중단은

'여성의 이기심이 궁극적이고도 용서할 수 없는 방식으로 드러난 행태'라 말했습니다.

임신중단에는 언제나 강력한 압제가 가해졌습니다. 형이 선고되는 일이 늘어나고, 형사 처벌이 언도되었으며, 심지어는 한 여성이 참수형을 당하기도 했습니다.

믿을 수가 없네요!

믿을 수 없는 일이죠. 마리 루이즈 지로라는 이름의 이 여성은 쉘부르의 세탁소에서 일을 하면서 임신중단을 돕는 산파로 유명했습니다. 이 여성의 이야기는 1988년에 이자벨 위페르가 열연한 클로드 샤브롤의 〈여자 이야기Une affaire de femmes〉라는 영화로 만들어지기도 했습니다. 이 일은 당시에는 누설되지 않았지만 저는 교정행정국에서 일하던 당시 보좌관들에게서 이 이야기를 들었습니다. 법무부가 항상 재정난이었기 때문에 소 로케트 여성 교도소의 교도관들을 고용해 비서실 일을 맡겼는데, 그 감옥이 바로 마리 루이즈 지로가 구금되었다가 참수형을 당한 곳이었습니다. 여성들은 이 사건으로 크나큰 상처를 입었다고 회상했습니다. 그러나 아시겠지만 여성들은 서로 잘 어울리므로 또 이 일을 자주 입에 올렸습니다. 그때는 피임이 허용되지 않던 1950년대 말이었기에 여성들은 언제나 임신할지도 모른다는 걱정을 안고 살아야 했습니다. 이미 아이를 서너 명 두어서 식구가 하나 늘어난다면 주거 문제가 감당할 수 없을 지경에 이르는 경우도 있었고, 결혼하지 않은 상태로 임신을 해 수치를 겪는 경우도 있었습니다. 임신은 커다란 불안이자 지속적인 걱정거리였습니다. 그러니 서로를 도울 준비가 된 여성들은 이렇게 물었죠. 우리들 중 누군가가 임신한다면 우리는 무엇을 해야 할까? 어떻게 도울 수 있을까?

몸담고 계신 법조계에서도 임신중단이 논쟁의 주제로 등장
했습니까?

　　물론이죠! 정치적 성격을 띠는 모든 질문이
법관들에게는 금기지만, 임신중단은 여기저기서
토론될 뿐 아니라 상당한 대립 구도를 만들어 내
기도 했습니다. 특히 대법원에서 이루어졌던 열띤
토론이 기억납니다. 누군가는 신속히 임신중단이
합법화되어야 한다고 주장했고, 다른 이들은 더
엄격한 법안이 도입되어야 한다고 말했죠. 당시에
는 수사판사가 있을 때였는데, 의료 문제와 의사
들의 기소를 담당했던 한 수사판사는 임신중단 문
제에 무척이나 강박적으로 달려들었어요. 그 판사
의 이름을 말하지는 않겠지만 그는 의사들, 그중
에서도 산부인과의에게 집착했어요. 임신중단수
술을 받은 여성들과 그 여성들을 도운 사람들을
가학적으로 수사하기를 즐겼지요. 익명의 밀고와
투서가 수사를 도왔고요.

개인적으로 이런 논쟁에 관심을 많이 두셨습니까?

    다른 여성 법관들이 그러했듯 저도 물론 그랬죠. 법조계에 여성들이 진입한 덕분에 임신중단을 둘러싼 논쟁이 발전할 수 있었어요. 피임에 대한 논쟁도 떼어놓을 수 없지요. 1920년 피임 관련 법 조항을 보면 정말 믿을 수가 없을 정도로 말이 안 됩니다. 의사를 포함한 그 누구라도 여성에게 피임에 대해 조언을 하는 일이 철저히 금지되어 있었어요. 월경주기를 계산하는 오기노 법이나 기초 체온 피임법 같은 것도요. 영국과 스위스, 미국에서는 이미 산아조절 방법이 도입된 상태였습니다. 피임약이 발명되었고, 출산을 조절하고 계획할 수 있다는 발상이 널리 퍼지고 있었죠. (1956년부터 존재했던 플라닝 파밀리알Le Planning familial*의 전신은 '행복한 모성'이라 불렸지요.) 그러나 프랑스는 조금도 진전되지 않은 상황이었어요.

---

* 프랑스의 페미니스트 단체로 임신중단 합법화를 위해 노력했다.

프랑스가 뒤처진 이유가 무엇이라고 생각하십니까?

오랫동안 이 문제를 교회와 전통의 영향이라 설명해 왔지만 저는 임신중단보다도 피임약의 발명이 남성들을 더 불안케 했다고 생각합니다. 어떻게 설명하면 좋을까요? 모성의 역사에서 피임이란 하나의 혁명이었습니다. '자신이 원할 때 아이를 낳는다'라…. 믿을 수 없을 만큼 새로운 발상이었던 겁니다. 피임약 덕분에 여성은 자립할 수 있게 되었고, 재생산을 결정하고, 심지어는 남성이 알지도 못하는 사이에 아이를 낳을 계획을 세울 수도 있게 되었습니다. 이는 여성과 남성 모두에게 있어 역사상 큰 전회라 할 만했어요. 오랜 과거부터 재생산을 주도하는 쪽은 남성이었는데 피임약의 등장으로 이 문제에서 단절된 거니까요. 많은 남성들은 갑작스러운 상황에 당황해했습니다. 박탈감을 느꼈고, 불안에 휩싸였어요. 피임약이 남성에게서 남성성을 앗아갔기 때문이죠! 이는 남성들이 상상도 하지 못했던 일이었어요. 게다가 피임 자유화 법안인 1967년 법이 정부가 아닌 뤼시앙 뉴워스라는 의원이 발의해 생겨났다는 점도 상징적입니다.

말씀하신 남성들의 우려가 의회에서 벌어진 토론에도 반영되었습니까?

물론이죠! 임신중단 허용 법안이 제정되기 10년 전까지만 하더라도, 연단에서 말도 안 되는 이야기들이 쏟아지곤 했습니다. 당대에는 가진 걸 빼앗겼다는 박탈감이 지배적이었습니다. 게다가 임신중단이 중차대하고 해가 되는 결정이라는 걸 누구도 믿어 의심치 않는 것과는 반대로, 피임은 쉽고 거의 아무런 해도 끼치지 않는 일이었습니다. 이것은 그들에게 곧 음욕을 뜻했을 뿐더러… 간통으로 향하는 문이 열렸음을 의미했지요.

그래서 해당 법의 시행령은 무척이나 제한적이었습니다.

시행령을 발표하는 것도 늦었던 데다가, 불필요한 제한사항까지 마련해두었습니다. 허용된 조치에 대한 정보를 알리는 어떠한 활동도 이루어지지 않았습니다. 오히려 의학계 내에서도 최고 권위자들이었던 많은 의사들이 피임약을 복용하면 살이 찌고 암에 걸릴 수 있다는 등, 피임약 복용을 주저하게 만들 만한 이야기들을 마구잡이로 퍼뜨렸지요. 피임약을 처방 받는 일도 쉽지 않았습니다. 그래서 1974년 11월 임신중단에 관한 법을 발표하기 전에 보험 처리를 포함해 피임에 대한 접근을 용이하게 만드는 법안을 표결에 부쳤던 겁니다.

피임에 관한 법인 1967년 법은 에블린 쉴르로와 같이 플라닝 파밀리알에 몸담은 활동가들이 바라던 것과는 달리 임신중단 수술이 음성적으로 행해지는 문제를 해결할 수 없었습니다.

　　플라닝 파밀리알은 피임을 여성들에게 모성 수행과 임신중단 모두를 가능케 할 수단으로 삼았습니다. 피임을 통해 여성이 원할 때만 엄마가 된다면 여성들은 삶을 더 충만하게 살아낼 것이고, 가족은 더 행복해지며, 해당 단체의 간행물에서 '사회적 재앙'이라 치부했던 임신중단 역시 점진적으로 사라질 것이라고 본 것이죠. 그러나 이들 역시 예측할 수 없는 사고와 피임의 불완전성으로 인해 발생하는 피임 실패를 인정하면서, 차차 환상을 버리고 우려스러운 현실을 깨닫게 되었지요.

1960년대 후반에 실시되었던 임신중단 수술에 대해서 말씀해 주시겠습니까?

당시에 임신중단은 무척 만연했습니다. 수술 건수가 기십만 건이나 되었으니까요. 계층, 지역, 연령(대다수가 20세에서 35세 사이였고 대체로 기혼 자였습니다)을 가리지 않고 많은 여성들이 임신중 단 수술을 받았고, 해마다 최소 300명은 이 수술로 목숨을 잃었습니다. 수술로 영영 아이를 낳을 수 없게 되거나 신체가 심각하게 훼손되는 경우는 말 할 것도 없었지요. 극히 종교적인 집안이 아니고 서야 임신중단을 하지 않는 여성은 거의 없었습니 다. 프랑스 내 몇몇 병원에서도 비싼 돈을 받고 수 술을 해 주었지만 많은 여성들이 영국이나 네덜란 드, 스위스로 향했어요. 이 여행 경비는 전부 개인 이 부담해야 했기에 유복한 여성들에게만 가능한 일이었습니다. 그러다가 여성단체가 버스를 대절 해 시골 각지의 여성들이 프랑스 바깥의 여러 나 라로 향하게 도왔습니다. 버스 출발 시간표가 지 역 단체에 붙었고 몇몇 약국에 구비된 전단지에 쓰였지요. 법은 모두가 보는 앞에서 공공연히 어

겨졌습니다. 무엇보다 충격적인 건 영속적인 불평
등이었어요. 교육받고 재산을 가진 여성은 원치
않는 임신이라는 문제를 해결할 능력이 있었고 의
료적으로도 적절한 조치를 받았습니다. 임신중단
수술 외에 다른 방법이 없는 다른 이들은 좌절했
고, 어떤 위험이라도 감당할 준비를 해야 했으며,
아무 방법이나 써야 했습니다.

방법이라는 것은 무엇을 뜻합니까?

　　그건 금기였기 때문에 누구도 그 방법이 무엇
인지 대놓고 말한 적이 없었습니다. 친구들 사이
에서, 동료들 사이에서, 공장에서 입에서 입으로
전해질 뿐이었습니다.

1950년 말에 진행되었던 연구에 따르면 임신중단 수술 중

80퍼센트 이상이 전문가가 아닌 이에 의해 실시되었다고 합니다. 수술을 진행한 이들의 직업은 회계원부터 성판매 여성까지 무척이나 다양했다고 하는데요. 그렇다고는 하지만 의료계에서도 이 문제에 관여하지 않았습니까?

의료계 종사자들은 수술 금지라는 위험을 안고 있었습니다. 그렇지만 산파, 간호사, 일반의나 산부인과의들이 은밀하게 수술을 했습니다. 대체로 인간적인 이유에서 비롯된 행동이었습니다. 심지어는 종교계에서 지은 의료 시설에서도 곤경에 빠진 여성들이 도움을 얻을 수 있었습니다. 수련의나 병원 경비들은 병원으로 긴급히 실려 오는 여성들을 속속 보곤 했습니다. 이 여성들은 위생 상태가 끔찍하고 어떤 의료 교육도 받은 적 없이 가장 초보적인 방식으로 산파 역할을 하는 이들에게 은밀히 찾아가 임신중단 수술을 받고 나서 만신창이가 된 채였죠. 이 산파들은 때로는 인간적인 호의로, 대체로는 돈 때문에 수술을 해 주었습니다. 무척 고급스럽고 수술 비용이 비싼 병원에서도 수술을 받을 수 있었습니다. 이런 병원에 근무하는 의사 중에는 임신중단을 허용하는 법에 반대 입장을 취하는 이들도 있었습니다. 음성적으로 수술을 해야 하는 상황이 돈이 된다는 판단에서였죠.

1970년대를 기점으로 여론은 급선회하게 됩니다. 특히나 《마리 클레르Marie Claire》나 《누벨 옵세르바퇴르Le Nouvel Observateur》와 같은 언론의 보도나 대중 캠페인을 통해서 변화가 이루어졌죠.

로즈 뱅상이 있었던 잡지 《엘르Elle》, 플래닝 파밀리알이 정기적으로 간행하는 간행물, 구류 중인 알제리 여성들을 돌보아줄 때 그들의 변호를 맡아 일찍이 알고 지냈던 지젤 알리미가 설립한 단체 '선택하라choisir'도 있었습니다. 지젤과 저는 무척 우호적인 관계를 맺고 있었습니다. 그는 무척 활동적이었고, 대단하지만 결코 극단적이지는 않은 페미니스트이자 투쟁가였어요. 지젤과 같은 인물이 많았던 덕에, 그리고 마리-앙드레 웨일-알레, 피에르 시몬, 조엘 코프만과 같은 의사나 여성단체와 다양한 여성매체 덕분에 1975년 임신중단 합법화에 관한 법을 통과시킬 수 있었습니다.

1971년 4월 5일 《누벨 옵세르바퇴르》에 실린 '343 선언'을 기억하시겠지요? 343인의 여성들이 참여한 이 선언에서 시몬 드 보부아르, 프랑수아즈 사강, 카트린 드뇌브, 델핀 세이리그와 같은 유명인들이 자신의 임신중단 경험을 공개했습니다.

기억하다마다요! 이 선언은 무척이나 대담한 행동이었어요. 이 여성들은 임신중단을 했다는 사실이 그들에게 덧씌우는 오욕을 짊어짐으로써 사회에 맞섰습니다. 이들이 형법상으로는 아무 책임도 지지 않는다 해도, 개인적으로 감수해야 하는 결과란 무시하기 어려웠습니다. 그러니 이 선언은 아주 강력한 투쟁이자 도발적인 행위였습니다. 결국 이 행동은 소송을 진척시키고 정부로 하여금 1920년 악법 개혁을 단행할 수밖에 없게끔 했지요.

1971년 4월 6일자 《르몽드Le Monde》는 이 선언을 두고 '습속에 진전을 불러일으킨 날'이라 칭했고, 앙드레 퐁텐은 해당 신문에 '필연적인 진보를 불러일으키기 위해서라면 추문은 때때로 필수적이다'라고 적었습니다.

운동이 이전으로 돌아갈 수 없어진 기점은 다음 해 있었던 보비니 재판 때였습니다. 16세 어린 소녀였던 마리 끌레르 양이 파리교통공사에 재직하던 어머니와 어머니의 두 직장 동료의 도움을 받아서 임신중단을 했지요. 그들을 고발한 사람은 아이의 아버지 되는 남자였습니다. 지젤 알리미가 마리 끌레르 양의 변호를 맡기로 하면서 이 일을 전국적인 화제로 만듭니다. 지젤은 여론을 환기하기 위해서 모든 수단을 동원했습니다. 전단지를 살포하고, 집회를 열고, 국가법의 위선과 부정의를 고발하기 위해 법정에 저명한 증인들을 세웠죠. 연구자, 의대 교수와 같은 남성들 역시 용감하게 이 논쟁에 뛰어들었는데, 여기에는 노벨상을 받았던 자크 모노도 함께했습니다. 끌레르 양은 무죄로 판결이 나고 임신중단에 공모한 이들은 가벼운 형을 선고받았습니다. 당시에 임신중단을 억압하는 건 더 이상 용납될 수 없었습니다. 심지어는 검찰에게 관련된 사람들을 조사하지 말라는 공문이 내려오기까지 했습니다.

그러고는 발레리 지스카르 데스탱 대통령이 대통령 선거에서 당선되었고, 후에 장관으로 등용되셨지요.

아직 아녜요! 1973년 메스메르 정부가 정부에 반대하는 여론에 시달려 장 태탕제 법무부 장관에게 법안 개혁을 일임합니다. 퐁피두 대통령은 총리에 비해 열성적이지 않았지만 집회가 계속되자 개혁에 대체로 호의적이었던 법무부 사무국이 정부에 감당할 수 없는 상황에 치달았다고 설명해 주었을 겁니다. 공공질서가 위협되는 상황이었으니까요.

새로 발표한 법안은 극도로 제한적인 내용만을 담고 있었습니다. 임신중단은 모체에 정신적, 신체적으로 실제적인 위협이 가해지거나, 태아가 기형일 확률이 높거나, 강간이나 근친상간으로 인해 임신한 세 가지 경우에만 허용되었습니다. 어떤 문제도 해결되지 않은 거죠.

사실 개정안이 발표되면서 우파 정당이 거세게 반대했죠. 그래서 법안은 조항을 논의하기도 전에 문화가족사회위원회로 반송되었습니다.

《엑스프레스L'express》에는 '법안, 기약 없이 반송'이라는 기사를 실었죠.

앙리 베르제가 주재한 이 위원회는 몇 달 뒤 무척이나 귀한 일을 해 주었는데요. 의료인, 종교인, 인구학자, 철학자, 법조인 등 다양한 구성원으로 이루어진 이 위원회에서 모두 각자의 의견을 내놓았습니다. 그 결과 나온 백서는 탄탄한 지식을 바탕으로 법안을 주장할 수 있게 해 주었지요.

조르주 퐁피두 대통령은 1974년 4월 2일 돌연 사망합니다. 이에 우파에서 자크 샤방-델마와 발레리 지스카르 데스탱을 주요 후보로 삼은 대선 캠프가 꾸려졌는데요, 두 후보는 지지층을 잃을까 우려하여 임신중단에 대해 개방적이지만 신중한 태도를 보였습니다. 샤방-델마 후보를 지지하셨지요?

네, '새로운 사회'에 대한 그의 입장을 보고 그가 보다 개방적이고 개혁적인 인물이라고 생각했습니다.

대통령으로 선출된 발레리 지스카르 데스탱은 임신중단 자유화를 분명하게 선언하면서 자신이 지닌 대통령으로서의 권한을 활용했습니다. 그리고 임신중단에 적대적이었던 자크 시라크 총리에게 개혁을 요구하기도 했습니다. 당시 대통령에게서 보건부 장관으로 임명하겠다는 전화가 걸려온 건 임신중단 자유화를 염두에 두었기 때문이겠지요?

아뇨, 전혀 그렇지 않습니다. 당시 법안을 준비하던 건 법무부 장관이었어요. 그러니 보건부에 그 일이 맡겨지리라고 생각할 하등의 이유가 없었습니다. 전임자였던 미셸 포니아토프스키가 장관직을 인계하면서 이렇게 말했습니다. 그는 제가 임신중단 문제에 각별한 관심을 갖고 있다는 걸 알고 있었거든요. "빠른 시일 내에 임신중단이 합법화되어야 해요. 그렇지 않으면 어느 날 아침에 장관실에서 낙태를 하는 꼴을 보게 될지도 모른다고요!"

법무부 장관이었던 장 르카누에가 양심상의 이유로 법안 처리를 거부했다고 들었는데요.

그게 사실이라고는 생각하지 않습니다. 오히려 법무부 장관인 자신이 형법을 수정하는 문제에 관여하지 않았다는 사실에 놀랐거나 심지어는 실망했을 것이라고 생각합니다. 물론 그랬다면 더 제한적인 조건에서 임신중단을 합법화하는 안을 제출했을 겁니다. 그러나 그는 법안 개혁에는 찬성하는 입장이었습니다. 상원에서의 그의 존재와 그가 보내주는 개인적인 지지가 의원들을 상대할 때 많은 도움이 되었습니다.

이 주제를 여성인권 담당 국무장관에게 맡기는 것도 생각해볼 수 있었을 텐데요.

그런 안이 고려되었으리라고는 생각하지 않습니다. 우선 이 법은 여성뿐 아니라 프랑스 사회 전부와 관련되어 있었기 때문입니다. 그리고 임신 중단 합법화는 무엇보다도 보건이라는 문제에 응답하는 것이었고 각 조항은 필수적으로 의료적인 내용을 담고 있었습니다. 그리고 당시 장관이었던 프랑수아즈 지루는 믈락MLAC*의 제안에 호의적이었습니다. 믈락은 여성이 자신의 몸에 대한 결정

---

* 임신중단과 피임에 관한 해방운동.

을 스스로 내릴 수 있어야 한다는, 여권에 기초한 자유를 강조했습니다. 연설은 대통령이 원하던 방향과 맞지 않을 수도, 법을 지켜내야 하는 상대였던 의원들 대부분에게 용납할 수 없는 내용을 담을 수도 있었습니다. 그렇지만 의회에 존재하는 역학 관계를 고려하여 실용적인 판단을 내려야 했습니다.

역학 관계라는 말에 대해 좀 더 설명해 주시겠어요?

당시 의회 다수파는 우파였지만, 우파는 이전에는 자유주의적인 임신중단 개혁에 적대적인 입장을 취했고 이후에는 이 문제를 두고 내부에서 입장이 갈라진 상태였습니다. 그리고 사회주의와 공산주의로 이루어진 좌파는 개정안이 더 제한적인 조건을 붙여서 나오지 않는 한 법안 통과에 표를 던질 준비를 하고 있었습니다. 그러니 저는 무

조건, 표를 잃을 수 있다는 위협을 받는 다수파 의원들을 설득해 그들로부터 최대한의 지지를 끌어내야만 했습니다. 제 연설이 명료했던 건 바로 그 때문입니다. 법안은 우리가 맞닥뜨릴 수밖에 없는 비극적인 상황을 피하기 위한 것이다, 공공의 소란을 멈추고 여성들의 비탄을 잠재울 수 있다, 여성들의 비탄과 존엄, 이들에 대한 책임을 딛고 바로 내가 이 자리에 서 있다. 제게는 반론의 여지가 없는 주장이었습니다. 그런데 프랑수아즈 지루가 문화가족사회위원회에 소환되었을 때, 여성이 자신의 몸에 대해 가지는 권리에 대해서 말하자 몇몇 남성 의원들은 격렬하게 반응했습니다. 법안 통과에 투표할지를 여전히 망설이던 이들은 찬성 표를 던지지 않겠다고 협박했고 저는 이들을 안심시켜야만 했지요. 여성 인권이라거나 배아의 성격에 대해서 논쟁을 만드는 모험은 차마 할 수 없었습니다.

지스카르 데스탱 대통령은 일을 빠르게 진척시키고 싶어 했습니다. 법안 마련을 어떻게 진행하신 건가요?

당시 무척이나 끈끈한 결속력을 자랑했던 제 부처에서 두 명의 탁월한 여성 법률가와 함께 일하는 행운을 누렸습니다. 한 명은 최초의 여성 파리고등법원장인 미리암 에즈라티였고, 다른 한 명은 유능한 국가 고문이었던 콜레트 멤이었습니다. 우리 셋은 무척 많은 대화를 나누었고, 셋의 입장은 같은 선상에서 만났습니다. 그건 바로 임신중단을 결정하는 최종 권한이 오로지 여성 자신에게 돌아가야 하며, 임신중단 수술이 반드시 의사에 의해서 행해져야 한다는 것이었습니다. 이 두 기준을 충족하고, 실질적인 적용을 용이하게 할 수 있는 법안을 통과시키는 데 적합한 전략을 찾기 위해 계속 노력했습니다. 이 과정에서 부처 간 긴밀한 협업도 자연스럽게 이루어졌죠.

모임 자리가 여러 번 마련되었겠네요.

　　물론 백서가 정보를 얻는 좋은 기반이 되어 주었지만, 의사회, 교수, 산부인과의처럼 관련 책임자들을 찾아가 여러 번 조언을 구하기도 했습니다. 특히 산부인과의에게 물어야 할 질문들을 구체적으로 가지고 있었으니까요. 임신중단을 허용하기에 적절한 임신 주수와 같은 질문 말이죠. 이런 부분은 의료적인 문제이기 때문에 제가 의견을 가지고 있지 않았고 그러니 의사들의 조언을 따르는 편을 택했습니다. 의사들은 법을 준수하는 기준을 임신 10주차로 설정할 것을 권장하더군요. 그런데 법조문에는 모든 의료인에게 양심에 따른 수술 거부 가능성도 보장되어 있었습니다.

민간 의료기관의 이사회가 원한다면 자신의 의료기관 내에서 모든 임신중단 수술의 시행을 금지할 수 있게 하는 개정안을 수락하셨습니다.

네, 개정안을 받아들여서 좌파 진영에서 엄청난 항의를 받았습니다. 심지어는 회의가 일시 중지되기도 했지요! 사실 저는 교회가 가톨릭 의료 시설에서 임신중단 수술이 이루어질까 우려하면서 이를 막고자 한다는 걸 알고 있었습니다. 사회주의 진영을 이끌던 가스통 드페르는 이걸 이해하지 못했고, 법안에 투표하지 않겠다고 협박했습니다. 그러자 상황은 총체적 난국으로 치달을 뻔했습니다. 그래서 그를 만나러 가 이 개정안이 종교적인 위계질서를 완화하는 것이 목적이라고 설명했습니다. 다행히 그는 제 말을 이해했고 표를 꼭 받아야만 했던 좌파 진영에서도 원래대로 표를 얻을 수 있었습니다.

이 문제에서 교회가 주된 난관이었습니까?

우리가 두려워하던 정도보다는 훨씬 덜했습니다. 훨씬 더 공격적인 태도를 보였을 수도 있었겠지만 당시 교회는 개혁이 불가피하다는 점을 느끼고 있었습니다. 게다가 임신중단에 원칙적으로 반대하기보다 차라리 잃고 싶지 않은 몇 가지 요소에 끈질기게 매달리는 게 낫다고 판단한 것 같습니다. 이 문제에 자주 개입하는 요한 바오로 2세 같은 교황이었다면 분명히 당대 교황이었던 바오로 6세보다 훨씬 완고한 태도를 보였을 것이고 프랑스 가톨릭계에 더 큰 압력을 행사했을 겁니다.

다른 종교 지도자들 역시 의견을 표했습니까?

개신교 측에서는 반응이 나뉘었지만 '젊은 여성들' 운동을 비롯해 대체로는 법안에 찬성하는 분위기였습니다. 랍비들은 보다 더 적대적이었지만 특별히 개입하지 않아서 교섭을 진행해 본 적은 없었습니다.

의회 토론이 열렸던 1974년 11월 26일에는 누구도 투표 결과를 예상하지 못했습니다. 제5공화국 하에서 일어난 놀라운 사건이었지요. 찬반 어느 쪽도 특히 우세하지 않았고, 발언자 수만 해도 엄청났어요. 다수파 정당이 정부가 지지하는 법안을 거부해 버릴 수 있는 상황이었으니까요. 그런 가운데 국영방송국에서 보낸 카메라가 앞에 놓인 상태에서 연단에 올라 법안을 지켜내야 하셨습니다.

18개월 된 손녀 옆에서 연설의 요점을 휘갈겨 쓰던 기억이 납니다. 그런 뒤에 그것을 타자기로 옮겨 쳤습니다. 당시의 문서들은 버리거나 잃어버렸습니다. 당시에는 이런 문서를 보관해야 한다는 데 주의를 기울이지 않았으니까요. 연설문은 원래 하던 대로 비서실장이었던 도미니크 르 베르트와 함께 다시 손봤습니다. 그는 이 연설문을 다듬는 일에 무척이나 열심이었습니다.

연설은 이렇게 끝납니다. "저는 어떤 저의도 없이, 그리고 제 모든 신념을 다하여 이 법안을 정부의 이름으로 지켜낼 것입니다. 그러나 실제로 낙태라는 주제에 관한 법안을 변호하면서 뿌듯함을 느낀 이는 아무도 없으리라는 것 또한 사실입니다." 이 문장은 고백이었나요, 아니면 전략이었나요?

임신을 중지하겠다는 무거운 결정이었지요! 임신중단을 선택한 여성들이 안도한다고 하더라도 임신중단 수술은 본디 심리적 외상을 유발합니다. 물론 본 법안을 통해 여성들의 권리를 확언할 수 있었으나, 저는 늘 책임감을 강조해 왔습니다. 유전학이 발전하고 진보했다 해도 대법원은 판례를 따르고 배아의 법적 지위를 인정하지 않습니다. 법안에 충격을 받고 적대적인 태도를 보이는 이들이 있다는 것 역시 이해할 수 있습니다.

연단으로 올라가면서 마주하게 될 적대감이 어느 정도일지 예상하셨나요?

아뇨, 우편물로 확인은 했지만 이미 공격이 거세다는 걸 알고는 있었습니다. 이 주제는 많은 사람들의 엄중한 철학적, 종교적 신념에 전면으로 부닥치는 것이었으니까요. 그러나 제가 불러일으킬 증오와 몇몇 의원들에게서 들었던 극악무도했던 발언, 그리고 그들이 제게 보였던 무례함 같은 건 예상치 못했습니다. 그 무례함이란 상상할 수 없을 정도였습니다. 거칠고 난폭한 군인이나 할 법한 말들이었어요. 어떤 남성들은 이런 주제를, 그것도 여성 앞에서 이야기해야 하는 상황에 처하면 난데없이 남성우월주의와 저속함에 물든 언어를 구사하나 보더군요.

감정적인 면을 우선적으로 내세웠던 이들도 있었습니다. 쥐라 지역의 르네 페 의원, 론 지역의 에마뉘엘 아멜 의원은 녹음기를 꺼내 태아의 심장 박동을 들려주면서 임신중단을 '합법적인 집단학살'이라며 규탄했습니다. 그리고 아르데슈 지역의 알베르 리오지에 의원은 이 법안이 포르노그래피로 향하는 문을 열어젖히는 일이자 이 일을 계획한 사탄에게 "피임과 낙태는 성적 방종이라는 책의 두 단원에 지나지 않을 뿐"이라고 말했으며, 파리 지역의 피에르 바 의원은 올더스 헉슬리의 예언과 "신의 뜻에 가하는 안락사"라는 말을 인용하고, 니스 지역의 자크 메드상 의원은 "나치들이 그랬듯 법으로 포장한 야만"이라는 말을 하기도 했습니다.

추악했지요.

나치에 비유하는 말들도 많이 있었지요.

그렇습니다. 제가 받은 많은 우편물에는 끔찍한 그림이 그려져 있었고 나치 깃발, 유대인에 대한 혐오 발언이 들어 있기도 했습니다. '아기들을 살려내라Laissez-les vivre'라는 단체에서는 대대적으로 캠페인을 진행하기도 했습니다. 극우파에서 진행한 운동이 이 캠페인에 힘을 입었습니다. 그리고 나중에 유럽 의회에 참석했을 때 그런 발언을 한번 더 들었습니다. 동물실험을 포함한 미용 분야위원회에서 유대인 학살을 상기시키는 내용이 담긴 수많은 편지들을 전해 주었습니다.

가장 심하게 말한 사람은 누구였습니까?

장 마리 다이예였습니다.

배아를 소각로에 던져 넣는 것도 찬성하겠느냐고 물었던 사람 말씀이시지요?

맞습니다. 아마 그는 제 개인사를 몰랐을 거라고 생각합니다. 하지만 임신중단 수술을 유대인학살에 비유했다는 것만으로도 충격이었습니다. 남성으로 가득했던 회의장에는 위선이 넘쳐났습니다. 회의장에 있는 일부 남성들은 은밀하게 자신의 애인이나 지인이 임신중단 수술을 받을 수 있는 시술소의 주소를 서로 주고받았습니다.

이 무렵 양차 세계대전 이후와 같이 산아 증가를 주장하던 이들이 목소리를 높였습니다.

미셸 드브레에게 프랑스의 출생률 저하와 인구 고령화는 북아프리카의 젊은 인구가 꾸준히 유입되는 문제와 맞물려 심각한 위협으로 다가왔습니다. 그러나 그의 주장은 임신중단 합법화에 반대하는 다른 이들과는 다른 어조를 띠었습니다. 그리고 2차 심의를 위한 논쟁이 끝난 뒤, 생각을 환기하러 조촐한 만찬이 이어지는 자리에 갔다가 우연히도 미셸 드브레의 옆자리에 앉게 되었습니다. 그가 사진을 찍으려는 일군의 기자들로부터 저를 막아 주었는데, 잡지에 찍힌 사진을 보니 제가 거의 그의 팔에 안겨 있더군요!

장 푸아이에의 연설 역시 강력했습니다. 그는 유럽 인권 협약 제2조인 '모든 이들의 생명권'을 언급했습니다. 그러면서 다음과 같이 말했습니다. "당신이 제출한 법안은 체념과 절망을 그리고 있습니다. (…) 자본은 이미 도살장이나 다름없는 낙태 수술실에 투자하려고 혈안이 되어 있습니다!"

저는 그를 잘 알고 있습니다. 그가 법무부 장관일 때도 그랬고, 특히 1966년 입양 법 개혁 당시 함께 일했기 때문입니다. 그저 겉치레에 지나지 않는 연설을 했던 다른 이들과는 다르게 그의 신념은 매우 확고했습니다. 그와 저는 나중에 우호적인 사이로 다시 마주했습니다. 그러나 이 법안 때문에 제게 영영 등을 돌린 이들도 있었습니다. 한 의원이 기억나는군요. 유럽 의회에서 저와 관계가 영 좋지 않은 의원이 있었는데, 저는 우리의 관계가 그의 반유럽주의 때문일 것이라 추측했습니다. 어떤 이가 제게 이렇게 설명해 주기 전까지는요. "천만에요! 당신이 만든 낙태법을 용서하지 않아서 그러는 거라고요!"

하지만 동시에 지지를 받기도 하셨지요.

그럼요. 베르나르 퐁은 농촌에서 의사 일을 했던 경험을 살려서, 외젠 클로디우스-프티는 기독교적 인도주의 정신으로 저를 도와주었습니다. 그 덕에 다른 의원들은 이 법안이 방임주의적인 것이 아니라 위선에 종지부를 찍고 실질적인 고통을 경감하는 조치라는 것을 이해할 수 있었습니다.

의회의 다른 여성 의원들에게서도 지지를 받으셨습니까?

여성 의원들이라고 하기에는 그 수가 너무 적었어요! 그리고 모두가 이 법안에 호의적인 것도 아니었습니다. 하지만 상처가 되는 말은 아무도 하지 않았습니다. 여덟 아이의 어머니인 엘렌 미소프에게서 열렬한 지지를 받았던 것이 기억납니다. 엘렌 역시 불쾌한 말들이 오가는 회의장에 저와 함께 있었습니다.

국가 지도층이자 국민을 대표한다는 자격으로 의회에 모인 이들이 이토록 소란스럽고 흥분한 모습을 보인 것에 대해 어떤 감상을 가지셨는지요?

엄청난 멸시라고 할까요. 이렇게 부적절하고 민주적이지 못한 역할극이 이루어지는 모습을 멀리서 바라볼 수 있다면 당사자라고 해도 수치스럽게 여기리라고 생각합니다.

낙담했던 순간도 있으셨습니까?

아니요, 자신감을 잃고 도망치기란 애초에 불가능했습니다. 저를 향했던 모든 멸시들은 오히려 제 피를 끓게 했고, 호승심을 북돋아 주었습니다. 그리고 결과적으로는 이렇게 반대편에서 도를 넘으며 보여주었던 모습들이 제게 도움이 되었습니다. 아직 결정을 내리지 못했거나 온건한 반대파였던 이들이 강경한 반대파들의 말에 경악했기 때문입니다. 그들의 발언은 도를 넘었고 악랄했으며 부적절했죠. 그래서 결국 역효과를 낳았습니다.

국회 연단에 서서 탁상에 기대어 두 손을 눈가에 댄 채 고개를 숙인 모습이 사진으로 찍히셨지요. 이 전설적인 사진에는 주로 "무너지는 시몬 베유"라는 설명이 달리곤 했습니다.

연약한 여성의 모습을 부각하기에 좋은 장면이었겠지요. 하지만 아닙니다. 울 생각이라고는 해 본 적도 없습니다. 아마 새벽 세 시쯤 되었을 때였을 겁니다. 피곤해서 고개를 숙인 것 뿐이었습니다. 전혀 울지 않았습니다.

논쟁 당시에 자크 시라크는 어떤 행동을 취했습니까? 결국은 그가 이 법안을 원하지 않았기 때문에 드리는 질문입니다.

그의 말을 빌리자면, 자크 시라크는 임신중단이 '부인들의 일'이라고 생각했습니다. 여성들끼리 알아서 해결할 수 있는 일이라는 말이었죠. 하지만 임신중단 법안이 장관위원회에서 채택되고 의회에 제출되면서, 그는 이 법안이 가결되어야 한다고 생각했고 전적인 지지를 표했습니다. 그리고 그가 제게 무한한 신뢰를 가졌던 것도 개정안의 향방에 대한 그의 결정에 영향을 주었습니다. 예를 들어 차후에 사회보장기금에서 임신중단 수술 비용을 환급하는 문제에 대해서 그에게 어떻게 해야 좋을지 물었고 그는 이렇게 답했습니다. "토론을 주재할 쪽은 장관님입니다. 장관님께선 법안이 전면 통과되게 하기 위해서 뭘 해야 할지 아시겠지요." 이 말을 듣고 저는 재정적으로 어려운 조건에 있는 여성들을 지원해 줄 수 있는 체계를 구축하는 것이 낫겠다고 느꼈습니다. 우파의 의원들은 너무 주저하는 것 같았습니다. 당시에 유권자들은 더 이상 사회보장기금에 납입을 하지 않겠다는 협박을 가하던 중이었습니다. 그렇기 때문에 다시 한 번 실용적인 측면에서 대응을 고심해야 했습니다. 시라크는 제게 재량을 전면 위임했습니다. 토론의 마지막 날 밤, 그는 제게 지지를 보내기 위해서 의회에 오고자 했습니다. 저는 그럴 필요가 없다고 답했지요. 새벽 세 시 반에 법안은 찬성 284표 대 반대 189표로 통과되었고, 가톨릭 신자들이 제게 저주를 퍼붓기 위해 저를 기다리며 서 있는 부르봉 궁을 지나쳐 집으로 돌아갔습니다. 집에 돌아오니, 시라크가 보낸 어마어마하게 큰 꽃다발이 집에서 저를 기다리고 있었지요,

멋있네요.

그는 완벽하게 공정함을 지켰습니다. 법안에 기본적으로 개입하지 않았지만, 정신적으로 큰 지지를 보내 주었습니다.

개혁안에서 한시적으로 정해두었던 5년이라는 기간이 끝난 1979년, 최종적으로 임신중단을 합법화할 것이냐는 질문이 다시 떠올랐습니다. 그리고 이때 자크 시라크는 1974년 당

시 자신은 투표하지 않았음을 언급하면서 자신은 임신중단에 반대했다고 말했습니다. 그리고 이 법안이 '우리나라에 남을 커다란 오점이자 출생률을 올리고자 했던 모든 희망을 헛된 것으로 만들었다'고 덧붙였어요.

총리였으니 당연히 투표를 할 수 없었지요! 그리고 처음의 의견을 어떻게 견지할 수 있겠습니까? 그는 늘 임신중단에 반대했고 드디어 그가 옳다고 생각하는 대로 투표할 수 있겠다고 느꼈던 것입니다. 혹은 미셸 드브레의 영향을 받았을 수도 있고요…. 중요한 것은 산아 증가를 외치는 이들의 주장에 오류가 있다는 점입니다. 연구를 통해서 임신중단 합법화와 출생률 간에 어떤 관련도 없음이 밝혀졌습니다. 양차 세계대전 사이에, 당시 법체계는 무척 억압적이었음에도 프랑스의 출생률은 매우 낮았습니다. 오늘날 우리는 어느 서구권 국가보다도 자유로운 법을 따르고 있지만 출생률은 가장 높은 축에 속합니다.

1974년으로 되돌아가 봅시다. 법안이 의회에서 가결되었지만 여전히 상원과 맞서야 하셨습니다.

그 뒤에는 훨씬 덜 정열적이었고, 덜 극적이었습니다. 법안의 보고 책임자였던 메자르 캉탈 의회장이 확실한 패를 내놓은 것이죠. "생 플로르에서 여성들을 암스테르담이나 런던까지 실어 나르는 버스를 본 적이 있습니다. 그 모습을 보고 이렇게 말했습니다. '더 이상 이렇게는 안 돼!'" 그리고 법안은 전보다 훨씬 많은 찬성표를 받으며 빠르게 통과되었습니다. 당시에 찬성이 184표, 반대는 90표였습니다. 아무래도 두 토론 사이에 여론이 진보적이었고 법안에 찬성하는 유권자들, 특히 여성 유권자들의 압력이 무척이나 거셌기 때문일 것입니다. 금기는 깨졌고 사람들은 드디어 자유로이 의견을 표현할 수 있게 되었습니다. 최종 법안은 양원을 거쳐 12월 20일에 승인되었습니다.

미셸 포니아 토우스키는 늘 오직 여성만이 이런 법안을 통과
시킬 수 있었다고 이야기했습니다.

제 생각에는 제가 여성이기 때문에 임신중단
이라는 문제가 내포한 부정의, 비참함, 곤란함이
라는 문제를 더 잘 이해할 수 있었던 것이라고 봅
니다. 그리고 그렇기 때문에 더 굳은 신념으로, 더
강한 의지로, 그리고 아마도 더 강렬한 감정을 담
아 법안을 통과시키기 위해 싸울 수 있었을 겁니
다.

법안 발표로 귀결된 이 긴 여정을 끝내고 어떤 기분이 들었
습니까? 자랑스러움이었나요?

아뇨. 자랑스러움보다 오히려 큰 만족감을 느
꼈습니다. 여성들에게 중요한 문제였으니까요. 그
리고 이 문제가 오랫동안 제 마음에 남아 있었기

때문이기도 합니다. 장 태탕제가 이전에 했던 시도가 실패로 돌아가 아쉬워하던 때부터 그랬습니다. 여전히 이 토론이 젊은 세대에게 영향을 미친다는 데 놀라곤 합니다. 맞아요, 사람들은 기억합니다. 혹은 들어 본 기억을 가지고 있습니다. 학교에서도 예외가 아닙니다. 언젠가 대기 줄에 서서 기다리는 동안, 어떤 사람이 저를 알아보고 친절하게도 이렇게 말을 걸었습니다. "앞으로 가세요, 줄을 서 계시면 안 되죠!" 그리고 식당에서, 길에서도, 사람들이 때로 제게 다가옵니다. "여성들을 위해 해 주신 일에 감사드려요." 이렇게 꾸준히 감사를 받을 때마다 항상 놀라곤 합니다.

이 사건이 여성의 역사에서 중요한 변곡점을 만들었기 때문이겠지요.

맞아요. 그렇게 되리라고는 차마 상상하지도

못했었는데요.

그렇다는 사실에 감동을 받으시나요?

네, 하지만 경구피임을 허용한 뉴워스 법이 역사적으로나 철학적으로나 훨씬 더 중요했다고 생각합니다. 우리가 이 사건에 임신중단 합법화와 같은 중요도를 부여하지는 않지만 말입니다.

좀 더 설명해 주셨으면 합니다.

비록 전과 같은 비극은 아니라 할지라도 미국을 비롯한 많은 나라에서 여전히 정치적으로 갈등을 빚는 주제로 남아 있는 임신중단과는 달리, 피임은 평범한 일상에 분명하게 자리 잡았습니다. 어떤 이들은 경구피임이 허용되기 전부터도 사람들이 알아서 어떤 위험부담도 지지 않고 피임을 할 수 있었을 것이라고 생각합니다. 하지만 사실은 뉴워스 법이 전환점을 만들어낸 것이죠.

임신중단에 대한 1975년 법에 얽힌 기억이 특별한 데에는 시몬 베유라는 인물의 개성이 중요하게 작용했다고 생각하지 않으십니까?

제가 특이한 이력을 가진 것은 사실입니다.

강제수용소, 홀로코스트…. 살아오신 삶이 법안 통과를 위해 보이신 행보에 엄중함을 실어 줍니다.

그렇게 살아왔기 때문에 제가 유럽 의회에 섰다는 사실에 상징적인 의미를 부여할 수 있지요. 하지만 아시다시피 공적인 의무를 수행하는 여성들이 여전히 워낙 적기 때문에 여성들은 쉽게 동일시되기도 합니다.

의회에서 연사들이 이 법을 '시몬 베유 법'이라고 부를 때 이 발언을 바로잡았다고 하셨습니다. 임신중단에 성함이 연결되는 데 불편함을 느끼셨습니까?

절대 그렇지 않습니다. 그렇게 이름을 붙여 주고 기억해 준다는 데 매우 흡족하기까지 했습니다. 다만 법률가로서 바로잡았던 것입니다. 의원들로부터 비롯된 법안들과는 달리 해당 개혁안은 대통령이 제출하여 정부에 의해 채택되어 의회에서 투표된 법안이기 때문입니다. 이는 공화국 법안입니다. 그뿐입니다.

법안 시행 직후의 상황은 매우 열악했습니다. 여성들은 병원

에 자리가 나지 않아서 1975년 초까지도 여전히 음지에서
임신중단 수술을 받았습니다.

유감스러웠지만 불가피한 일이었고 이미 예
견한 상황이었습니다. 임신중단 법안은 어느 나라
에서든 시행하는 데 어려움을 겪습니다. 너무나
많은 금기를 어기는 일이니까요! 근무하던 병원
에서 쫓겨날 위험을 감수하면서도 임신중단 수술
법을 배우고 또한 실시하겠다고 수락하는 의사들
을 신속히 찾아내야 합니다. 임신중단 수술은 어
느 시설에서나 의무화되어야 했지만 어떤 의료시
설의 원장들은 싫은 기색을 보이면서 훼방을 놓기
도 했습니다. 일이 복잡해지고 조직 구성을 재편
해야 하며 인력을 충원하는 한편, 심리적인 문제
가 발생할 가능성도 염두에 두어야 했기 때문입니
다. 병원 예산을 추가적으로 할당해서 새로운 분
과를 만들어야 할 때도 있었습니다. 병원 예산 할
당이란 비싼 의료 서비스를 제공하는 데 우선순

위를 두고 진행되기 마련인데, 임신중단은 거기에 해당되지 않았습니다. 응급 상황이 닥칠 때면 자원봉사를 자처하는 의사들, 주로 일반의나 심지어는 정신과의의 도움을 받아야 했습니다. 의사들은 보람을 별로 느끼지 못하는 조건에서 수술을 하면서 때로 낙담하곤 했습니다. 여성을 돕기 위해 자기를 희생해 가며 나섰던 이 세대의 정신이 젊은 임상의들에까지 이어지지 못했기 때문이었습니다.

입법을 위해 투쟁했던 몇 단체들은 더 이상 참을 수 없다며 조산원을 점거해 법안의 조속한 시행을 요구했습니다. 페미니스트들은 임신중단 수술 비용이 사회보장기금을 통해 환급되지 않는다는 점을 용납할 수 없다며 분노했습니다.

그건 제가 스스로에게 끊임없이 물었던 질문이기도 합니다. 개인적으로는 환급에 찬성했지만,

의원들과 여론이 수긍할 만한지를 따져야 했습니다. 저는 환급이 너무 강력한 제안이어서 강한 거부감을 불러일으킬까 봐 두려웠습니다. 결국, 당장 환급까지 요구하기는 너무 과하다고 생각했습니다. 이베트 루디 여성인권장관이 프랑수아 미테랑 대통령의 대선 공약이었던 임신중단 수술 비용의 환급 법안을 1981년도에 의회에 제출했던 건 제게 당연한 결말이었습니다. 임신중단 합법화 법안은 1979년에 전면 통과되었고, 프랑스 국민 대부분이 이 법안에 찬성했습니다. 1981년은 사회보장기금 가입자들이 임신중단에 돈을 낼 수 없다며 거부 의사를 표현하기 위해 사회보장기금 카드를 반환하는 일을 더 이상 맞닥뜨리지 않아도 될 시점이었던 겁니다.

그러나 '프로라이프' 진영에서는 여전히 임신중단을 희망하는 여성들에게 정신적으로 외상을 입히고 그들을 위축시키기 위해서 병원에서 혼란스러운 행각을 벌이고 있습니다.

미국 프로라이프 진영에서 게릴라 전략을 실시하면서 의사들을 암살했던 것과 비교하자면 그들의 수가 그렇게 많지는 않습니다. 광신도들은 무척 위협적이지만요. 이들은 임신중단 시술소에 침입해 상담을 받는 여성들을 희롱하고 그들에게 모욕을 주었고, 기기를 파손하고, 의사들을 공격하고, 자신들을 쫓아내지 못하게 하려고 연쇄적으로 병원에 침입했습니다…. 당시에는 병원 시설의 안전을 강화하라는 공문이 내려지곤 했습니다. 베로니크 네에르츠가 임신중단을 방해하는 행위를 범법행위로 규정하는 법안을 1992년에 명문화하자 이 게릴라 작전은 종지부를 찍게 됩니다.

이후 마틴 오브리의 제안을 엘리자베스 기구가 이어받아 개혁을 진행했습니다. 그때까지만 해도 임신중단 수술 허용 기한이 유럽 전역에서 가장 짧은 축에 속하던 프랑스에서 허용 주수를 10주에서 12주로 늘리는 방안과, 미성년자의 경우 양육자에게 허락을 받는 방안을 삭제하는 내용을 골자로 한 개혁안이었습니다. 어떻게 생각하십니까?

1974년까지만 해도 미성년자가 임신중단 수술을 받으려면 부모의 허락이 필요했습니다. 그러나 이 허가는 2001년에 들어서 별다른 의미를 띠지 못하게 되었습니다. 사회 구성원의 사고방식이 변화했기 때문입니다. 젊은이들이 성관계를 시작하는 나이는 빨라졌고, 아무래도 사회에 자리를 잡기 전이니 성숙하지 않은 상태에서 성생활을 하게 됩니다. 피임에 대한 지식은 제대로 갖추어지지 않은 상태에서요. 젊은이들은 처음 성관계를 할 때에 임신을 할 수 있다는 것을 제대로 인지하지 못합니다. 그리고 그렇게 임신을 하게 되면 부모에게 말을 꺼내지 못합니다. 이것이 우리의 현실입니다. 의무적으로 부모에게 허락을 받아야 한다는 조항은 젊은이들에게 벌을 주기 위한 목적, 그 이상도 이하도 아니게 되었습니다. 나아가서 더 이상 요구할 수도 없게 되었어요. 임신중단 수술 허용 주수 연장 방안은 철저하게 의료적인 문제입니다. 오직 의사들만이 임신 기간에 대해 이야기할 수 있습니다. 1974년 제가 만났던 의사들 대부분은 10주를 제안했습니다. 2주를 연장하는 것이 큰 차이를 만들어낸다고들 했습니다. 그리고 오늘날 제가 알 수 있는 것은 몇몇 의사들이 2001년 가결된 연장안에 대해서 유보적인 태도를 보인다는 것 정도입니다. 그러나 다른 여러 나라에서는 허용 주수가 훨씬 더 길다는 것만은 분명한 사실입니다.

엘리자베스 기구는 의원들 앞에서 이렇게 말했습니다. "낙태 수술은 금기였고, 그렇기 때문에 혹독하게 억압당했습니다. 그리고 이제 낙태는 허용되고 자유화되었습니다. 낙태는 권리가 되었습니다." 이로서 법안에 본래 담겨 있던 정신이 급진적으로 변화해 갔다고 보십니까?

아닙니다. 수술 허용 주수를 두 주 늘리고 수술 전 의사 상담을 선택사항으로 바꾸고 부모의 동의를 구하지 않는 내용은 전부 1975년 법안의 개정안에 지나지 않습니다. 그리고 의학과 약학의 발전이 임신중단 수술이라는 행위를 훨씬 간소화해 주었지만, 현실에서 임신중단 수술이란 여성에게나 의사에게나 매우 한정적인 조건 하에서만 순순히 이루어질 수 있었습니다. 그러니 아직까지는 권리라는 말을 쓸 수 없습니다.

그렇지만 임신중단 약인 미페프리스톤(RU-486)은 수술을 피할 수 있게 해 주면서 판도를 바꿨으리라고 예상합니다.

1988년에 이루어진 미페프리스톤의 시판은

논쟁을 불러일으키고 반낙태 진영의 움직임을 촉발했습니다. 반대 진영에서는 제조사인 루셀 우클라프의 약품을 구입하지 않겠다는 보이콧을 실시했고 해당 제조사는 국내외에 시판을 중지했습니다. 루셀 우클라프는 로카르 정부의 명령 이후 특허증을 철회 당할 위험에 처하자 결정을 재고했습니다. 그러나 약물 임신중단이라는 방법이 그 즉시 자주 이용되었는가를 구체적으로 알 수는 없었습니다. 그저 2001년 법에 의해 예고된 법령을 필립 두스트 블라지 보건부 장관이 시행하는 2004년 7월까지, 그리고 약물 임신중단이 병원 바깥에서도 가능해질 때까지 기다려 보아야 했습니다. 그러나 여전히 초안이 마련될 때와 비슷한 상황이었습니다. 의료 환경은 그대로였고, 임신중단 수술 가능 주수도 무척 엄격한 기준을 따랐습니다.

1974년의 논쟁은 외국에도 영향을 주었나요?

많은 나라에서 그랬습니다. 당시 논쟁이 진행되었던 조건과 열정적인 분위기 때문이었겠지만 말이지요. 처음에는 저항이 너무나 격렬했기 때문에 아무도 이렇게 혁신적인 개혁이 진행되리라고는, 그리고 그 개혁이 특정한 경우에 놓인 여성들에게만 임신중단을 허용하는 방식이 아니리라고는 예상치 못했습니다. 많은 여성들이 향하는 네덜란드의 경우를 강조해야 할 필요가 있습니다. 네덜란드에서는 임신중단을 금지하는 법안이 폐지된 게 아니었고 수술이 용인될 뿐이었습니다. 영국에서는 임신중단이 법적으로 허용되는 조건이 프랑스 법안보다 훨씬 더 엄격했습니다. 이 두 나라, 스칸디나비아 국가와 스위스의 몇 지역을 제외한 서유럽 일대에서는 임신중단에 무척이나 강력한 제재 조치가 취해졌습니다. 포르투갈이나 아일랜드는 여전히 그러하고요. 1980년대에 한 젊은 아일랜드 여성이 영국에 가서 임신중단 수술을 받았다는 사실로 유죄 선고를 받아 당시에 여성들이 모여서 규제 완화를 위해 투쟁하기도 했습니다. 비록 이 투쟁이 수포로 돌아가기는 했지만, 프랑스에서 일어난 논쟁이 영향을 미쳤다고 할 수 있을 것입니다. 심지어는 다양한 개혁안들을 지지해 달라는 간청을 자주 받기도 했습니다. 그럴 때면 요청을 거절하면서 제가 했던 방식을 설명해 주었습니다. 외국에서 일어나는 논쟁에 개입하는 것은 역효과를 부르리라고 생각했습니다. 하지만 프랑스에서 만들어진 법안은 다른 방식으로 반향을 일으켰습니다. 예를 들어서 1979년 유럽의회 선거에서, 원칙적으로는 저를 지지할 예정이었던 기독민주당의 의원 몇 명이 제게 반대표를 던졌습니다. 특히 아일랜드와 독일 의원들이었습니다. 대부분 여성들이었는데 그들은 제가 당선된 이후에는 저를 무척이나 열심히 지지해 주었습니다. 그리고 법안 가결이 이루어진 이후, 콜로키움에 자주 초대되었고 많은 외국 대학에서, 특히 미국 대학에서 명예 박사학위를 수여했습니다. 아직까지도 특히나 대학교에서 이 주제에 관한 대담 요청을 많이 받고 있습니다.

초반에 원치 않는 임신이라는 문제에 관하여 이야기할 때, 여성들 간의 연대를 말씀하셨습니다. 여성 연대의 존재를 믿으시나요?

물론 믿습니다. 삶에서 맞닥뜨리는 주요한 문제들 앞에서 여성들은 자연스럽게 연대를 만들어 냅니다. 직장 생활에서 일어나는 경쟁을 모른 체하는 것은 아닙니다만 서로 돕는 정신이란 무엇보다도 자연적으로 발휘되는 것입니다. 저는 여성들에게 도움을 받은 적이 몇 번이나 있습니다. 여성들과 함께 일하는 것을 늘 좋아합니다. 유럽 의회에는 여성 의원의 수가 상대적으로 많고, 이들은 매우 적극적이고 열정적으로 정무에 참여합니다. 그들은 여성인권위원회의 설립과 위원회가 내놓는 법안을 열렬히 지지했습니다. 불가항력적인 차별과 전통 때문일까요? 여성에게 남성과 다른 가치체계, 다른 우선순위, 다른 행동, 다른 관심사가 존재하기 때문일까요? 함께 어울려 살기에 여성들은 훨씬 더 용이합니다. 프랑스 여성들을 충격에 빠뜨렸던 '쥐페트' 스캔들을 기억하시지요, 제2차 쥐페 정부 때 여성 장관들이 대거 축출되었던 사건 말입니다. 그 이후 선거 동수를 달성하기 위해 우리는 조그만 여성 모임을 결성해 정기적으로 만났습니다. 우파 여성 다섯 명, 좌파 여성 다섯 명, 전부 전 장관으로 이루어진 열 명의 여성들은 무척이나 우호적인 관계를 유지했습니다. 우리는 모든 주제에 대해서 자유롭게 이야기를 나누었고 웃으면서 즐거운 시간을 보냈습니다. 그리고 우리는 1995년 대선 직전에 선언문을 작성해《엑스프레스》에 발표했습니다. 주요 후보자들은 동수법을 표결에 부치기 위해 헌법 개정에 나섰습니다. 저역시 2004년 3월 8일 상원에서 조직한 여성 인권

증진에 관한 콜로키움에 참석했던 기억이 납니다. 정치적 위치와 세대를 막론하고 다양한 여성들이 참여했습니다. 참석한 여성들 간에 가족이나 페미니즘에 대한 시각은 서로 달랐지만 이것은 크게 중요치 않았고, 따뜻한 자리였지요.

여성은 권력과 권위를 남성과 다른 방식으로 행사한다고 생각하십니까?

그렇다고 생각합니다. 그런데 눈으로 보는 것만으로는 알 수 없는 부분이 있습니다. 요직에 오른 여성들의 수가 워낙 적기 때문입니다. 게다가 그런 자리에 올라간 여성들은 끊임없이 방해를 무릅써야 하고, 더 많이 일해야 하고, 쓸모를 입증해야 할 필요를 마주하기 때문이기도 합니다. 하지만 분명히 말할 수 있는 것은 여성과 남성 간의 차이라는 것이 진정으로 우리를 풍요롭게 한다는 점입니다. 그리고 평등에 도달하기 위해서만이 아니라 우리 사회의 발상, 에너지, 재능을 풍부하게 하기 위해 여성의 공직 참여율을 더욱 확대해야 할 필요성이 있다고 생각합니다.

스스로를 페미니스트라고 생각하십니까?

그렇습니다. 뼛속부터 여성운동가인 것은 물론 아니지만요. 투쟁이 대의를 관철하기 위하여 지키고자 하는 의제에 반대하는 이들의 목소리를 과감히 무시하는 방식으로 이루어지는 동안, 저는 늘 각각의 의제의 찬성과 반대를 따지면서 살아왔습니다. 하지만 저는 스스로를 페미니스트라 생각합니다. 그리고 여성들에게 결속감을 느낍니다. 저로서는 도저히 예측할 수 없는 반응들을 보이곤 하는 남성들보다는 여성들이 일반적으로 더 가깝게 여겨집니다. 여성들에게 많은 영향을 받기도 했습니다. 교육을 받는 동안에도 그랬고, 어머니에게서도 많은 영향을 받았지요. 그리고 여성들과 함께 있을 때 더 안전하다고 느낍니다. 아마도 강제수용소 시절 때문에 그렇게 느끼는 듯합니다. 수용소에서 여성들은 제게 사심 없이, 너그럽게 도움을 베풀었습니다. 여성들의 도움은 남성들의 도움과는 다릅니다. 소위 약한 성이라고 불리는 이들의 저항은 훨씬 더 강력했습니다. 저는 여성들에게 훨씬 더 친밀감을 느낍니다. 여성들과는 감정, 기분, 심지어는 이야기 주제로 삼았다가는 남성들의 신경을 거스르는 삶의 다양한 면면들에 대해 말하기가 훨씬 더 쉽습니다.

여태까지 하신 일 중에서 여성들을 가장 많이 도운 것은 무엇이라고 생각하십니까?

우연 때문인지 무의식 때문인지 모르지만 살

면서 여러 직무를 거치는 동안 항상 여성을 담당하게 되었습니다. 우선은 1957년에서 1964년까지 교정행정직에 있으면서 여성 재소자들을 맡았습니다. 남성 재소자에 비하면 그 수가 현저히 적고 여성 재소자들은 복역 기간 동안 큰 문제를 일으키지 않기 때문에 누구도 제가 이 일을 맡는 것에 대해 걱정하지 않았습니다. 일을 하는 동안, 남성 재소자에 비해 여성 재소자의 복역 조건이 더 억압적이라는 점이 눈에 띄었습니다. 이 때문에 이런 상황이 계속되는 것을 막기 위해 모든 노력을 기울였습니다. 언젠가 '대도'라 불리던 여성 수감자들을 렌느의 신시가지에 위치한 아그노 교도소로 이감했을 때, 잔악하다는 평판을 얻은 여성들에게 모욕을 가하고자 하는 교정행정체계의 의지와 그 잔혹성에 경악을 금치 못했습니다. 알제리 전쟁 동안에는 알제리 여성 수감자들을 담당하였는데, 그들을 한 시설에 모아서 공부를 계속할 수 있도록 했습니다. 그러고 나서 민사국으로 자리

를 옮긴 뒤에는 전에 하던 일과 전혀 다른 성격을
띤 업무를 맡게 되었습니다. 현대화라는 관점에서
가족의 권리를 수호하는 일이었으니까요. 부모의
권한, 미성년자와 장애인의 후견감독, 혼외자, 입
양…. 현대화란 여태까지 거의 권리를 가지지 못
했던 여성에게 더 많은 권리를 주는 일을 말합니
다. 법률적인 차원만큼이나 사회학적인 차원에서
이 일에 열정을 가졌습니다. 그 이후에 보건부 장
관이 되었습니다. 재무부, 내무부, 외교부에는 결
코 여성을 장관으로 등용하는 일이 없음을 잘 아
시지요! 보건부에 몸담은 동안 여성에게 가해지는
다양한 차별을 없애기 위해 노력했습니다. 예를
들어 상호보험이나 보조금 같은 문제가 있었습니
다. 그리고 전체 중 90퍼센트가 편모 가정인 한부
모 가정의 어려움을 반영하기 위해서도 노력했습
니다.

장관직에 계시면서 실시하지 못해 아쉬웠던 조치가 있으십니까?

원했으면서도 실시하지 못한 법안들이 많이 있습니다. 매일 신문기사를 읽을 때면 그 사실을 고통스럽게 절감합니다. 특히 아동 보호나 우리가 오랜 시간 은폐했던 성적 학대 문제를 접할 때 그랬습니다.

젊은 여성들을 많이 만나시지요. 그들이 놓여 있는 상황과 신장된 권리에 대해서 어떤 의견을 가지고 계십니까?

오늘날의 젊은 여성들은 무척이나 모순적인 상황에 놓여 있다고 생각합니다. 여성들은 이론적으로는 남성과 완벽히 동등한 권리를 보장받게 된 변화의 수혜자이자 그 권리를 지켜낼 법적인 장치를 손에 넣었습니다. 그러나 인습에 여전히 얽

매여 있고 사회에서 남성우월주의에 기반한 차별이 존속되고 있어 젊은 여성들의 삶은 오히려 과거보다 더 복잡해졌습니다. 여성에게 지워진 책임감은 엄청나게 무거운데, 이들은 기꺼이 그 모든 것을 다 해내고 싶어 합니다. 주 35시간 근무제 개혁안은 남성들에게 여가를 즐길 시간을 선사해 주었지만 여성들에게 이 개혁안은 정반대를 의미합니다. 여성들에게 새로 주어진 시간은 가사노동에 투입되었습니다. 이것을 무시한다면 죄책감을 느끼게 되죠. 집을 관리하고 아이를 돌보는 데 전보다 많은 시간을 들이게 된 것입니다. 그리고 냉정하게 보자면 직장에서는 법에 명기된 바와는 달리 평등이 지켜지지 않습니다. 채용에서, 임금체계에서, 승진에서 여성들은 불이익을 받고 숱한 차별에 부딪힙니다. 대량해고방지 계획이 회사에 전달될 경우에도 고용주는 홀로 아이를 키우는 여성들의 수가 점점 더 많아지고, 아이의 아버지 되는 사람은 양육자로서의 의무를 이행하지 않는 경우가

잦다는 사실에는 아랑곳 않고 언제나 그랬듯 남성의 고용만을 보장합니다.

임신중단 문제와 관련하여, 종교를 강요당하고 억압적인 가족 분위기에서 자라나는 이주 가정 소녀들에 대해서 특별히 걱정하는 부분이 있으십니까?

걱정이 있다면, 모든 종교에서 나타나는 하나의 공통점 때문일 것입니다. 바로 여성에게 남성과는 다른 지위를 부여한다는 점입니다. 차마 더 낮은 지위라고 부를 수는 없는, 여성에게 마련된 이 자리는 재생산을 할 수 있는 여성의 능력과 관련이 있습니다. 우리는 여성을 통해 세상에 나타납니다. 유전자 검사를 하지 않는 한, 확실하게 알 수 있는 핏줄은 모계로만 연결됩니다. 바로 이 이유로, 대부분의 종교가 여성이 사춘기에 접어들면서부터 그가 순결을 바치기로 정해진 남성이 아니고는 어떤 남성과도 관계를 맺지 못하게 가두는 것입니다. 사회는 진화하고, 종교 의식은 점점 힘을 잃어 가며, 경구피임약은 이제까지의 질서에 전적으로 의문을 제기합니다. 하지만 어디에나 근본주의적이고 관용이 없는 이들이 섬처럼 존재하는 법입니다. 이슬람교만을 말하는 것은 아닙니다. 그런 사람들이 모여 종교의 계율을 엄격히 따르는 곳에서는 안타깝게도 어린 소녀들이 첫 번째 희생양이 됩니다. 이 복잡한 문제는 너무나 부당한 것이며, 동시에 우리 사회처럼 개방적인 곳에서조차 해결하기가 쉽지 않습니다.

프랑스에서 임신중단 수술 건수는 연간 22만 건에 달합니다. 경구피임약 복용율이 증가하고 콘돔 사용을 권장하는데도 불구하고 임신중단 수술의 수치가 비교적 꾸준히 유지되는 데에 실망하십니까?

실망스럽다기보다는 불가피한 일이라고 해야 할 듯합니다. 피임의 효과는 제한적이고, 우리는 늘 피임을 소홀히 하거나 깜빡할 위험을 감수하며 삽니다. 특히 어린 여성들은 엄청나게 취약한 조건에 놓여 있습니다. 교육이 기본이 되어야 하지만 아무리 교육을 해도 많은 여성들, 특히 외국에서 온 여성들은 여전히 거의 지식이 없는 것이나 마찬가지인 상태에 머물러 있습니다. 또한 의사를 찾아가 필요한 처방을 받을 수 있는 자유도 얻지 못하고 있습니다.

"저는 미래를 두려워하는 류의 사람이 아닙니다." 1974년 11월 26일 연설의 결론은 다음과 같이 시작합니다. 그리고 젊은 세대를 언급하면서 이렇게 간청하면서 끝납니다. "자신의 삶에서 가장 소중한 가치를 지킬 수 있는 사람들이라는 점을 부디 신뢰합시다."

제가 옳았습니다. 이미 말했지만 프랑스의 출생률은 그 뒤로 낮아지지 않았습니다. 우리는 세대를 이어내는 데 성공했고 이탈리아, 스페인, 캐나다의 퀘벡 주와 같이 이전에는 훨씬 더 많은 인구를 자랑했던 나라보다도 높은 출생률을 기록하고 있습니다. 사람들은 배우자가 있든 없든 누구든 아이를 가지고 싶어 하기 마련입니다. 요즘에는 아이가 왕이라는 말까지 할 정도로, 아이를 가지기를 몹시 기다리고, 원하고, 계획적으로 출산에 임합니다. 어떤 부모들은 아이에게 철저하게 투자를 해서 그 모습이 과하다 느껴질 때도 있습니다. 아이가 권리인 동시에 재산인만큼 부딪히기도 하고 아끼기도 하는 것이겠지요. 어쨌거나 이 모든 현상은 삶에 가지는 곧은 확신을 의미하는 듯합니다. 제게는 온전하게 잘 자라난 두 손녀가 아이들을 낳아 돌보는 모습을 보는 일이 하나의 행복입니다.

현재 국내에서 일어나는 '아이를 낳을 권리' 운동은 60년대에 정반대로 일어났던 '아이를 낳지 않을 권리'를 요구했던 움직임과 기묘한 공명을 일으킨다고 생각하지는 않으시나요?

과학과 사회는 새로운 도전 과제를 맞닥뜨리기 마련입니다. 결혼하지 않은 연인, 이성 연인 혹은 동성 연인, 혹은 독신자들이 아이를 원하게 되었고, 이는 이들에게도 역시 아이를 가질 권리가 있다는 점을 고려해야 한다는 문제의식으로 굳어졌습니다. 당국은 이러한 요구에 응답해야 하고, 아마도 현기증이 날 만큼 복잡한 토론이 이어질 것입니다. 이 논의는 급속도로, 광범위하게 진행될 것이고 이 과정에서 일어날 수 있는 문제의 종류는 감히 상상하기도 어려울 만큼 다양합니다. 사회가 인간성을 지킬 방안을 모색하고, 아이 '를' 가질 권리와 아이 '가' 가질 권리가 배치되지 않도록 해야 할 것입니다. 아이가 부모를 위해 태어나는 존재여서는 안 되기 때문입니다. 프로이트는 항상 남성에 대하여 여성이 갖는 콤플렉스를 언급하곤 했습니다. 그런데 오늘날은 오히려 반대인 것만 같습니다. 남성들이 점점 더 자신의 몸으로는 아이를 가질 수 없다는 데에 진정으로 당혹스러움을 느끼기 때문입니다.

'남자들도 기억한다Les hommes aussi s'en Souviennet'는 말(이 책의 원제)에 대해서는 어떻게 생각하십니까?

어느 날 집 근처에 있는 작은 가게에서, 50세 쯤 된 남성이 제게 이렇게 말을 걸었습니다. "사람들은 늘 당신이 여성들을 위한 법안을 만들었다고 이야기하곤 하지요. 하지만 이걸 잊으시면 안 돼요. 남자들에게도 당신의 법안은 소중한 진보를 만들어 냈다는 걸요!"

편집자의 말

시몬 베유에 대하여

2018년 7월 1일 한 사람의 위인이 팡테옹에 안장되었다. 홀로코스트 생존자이자 여성 인권의 상징인 시몬 베유였다. 1970년대에 프랑스에서 임신중단 합법화를 이끌어내며 여성의 권리 신장에 앞장선 정치인이었던 시몬 베유가 사망한 지 1년 만의 일이다. 팡테옹은 파리 중심에 위치한 프랑스의 국립묘지로, 빅토르 위고, 에밀 졸라 등 70여 명의 지성인과 위인이 묻혀 있다. 이곳에 묻힌 여성은 마리 퀴리를 포함하여 네 명뿐이었다. 그 뒤를 이어 다섯 번째로 안장된 시몬 베유는 가장 존경받는 프랑스 여성 정치인으로 꼽히는 인물이다. 보통 안치되기까지 수십 년이 걸리는 팡테옹에 1년 만에 안

치될 수 있었던 것은 수많은 사람들의 청원이 있었기 때문이었다. 마크롱 대통령은 추도사에서 정의와 여성을 위해 투쟁한 시몬 베유를 팡테옹에 모시도록 결정한 것은 모든 프랑스인의 뜻이었다고 밝히기도 했다.

시몬 베유, 그는 어떤 인물이기에 이토록 큰 지지와 사랑을 받았던 것일까? 시몬 베유라는 이름을 들으면 불꽃같은 삶을 살다가 떠난 프랑스의 사상가 시몬 베유 (1909~1943)를 떠올리는 분들을 위해 정치가 시몬 베유에 대해 소개하려 한다.

시몬 베유는 1927년 프랑스 니스에서 유대인 가정의 막내딸로 태어났다. 아버지 앙드레 자코브는 1919년 로마에서 개최된 그랑프리에서 수상한 건축가였고, 어머니 이본 슈타인메츠는 화학 공부를 한 모피 상인의 딸이었다. 이본은 연구과학자가 되기를 꿈꾸었으나 딱딱하고 구식이었던 앙드레는 그 꿈을 포기할 것을 요구했다. 이본을 아는 사람들은 모두 그를 사랑했지만, 베유는 어머니의 내면에 우울이 감춰져 있다고 느꼈다. 이러한 어머니에 대한 기억은 베유로 하여금 집 밖에서 일할 수 있는 여성의 권리를 적극적으로 옹호하는 데 큰 영향을 주었다.

이들 가족은 유대인이었지만 종교에 신실한 편은 아니었으며 세속적인 삶을 영위해 나갔다. 그래서인지 베유의 아버지는 독일 나치당의 부상으로 유럽과 유대인이 위험에 처했다는 사실을 믿지 않았다. 하지만 1940년 프랑스가 독일에 패배하고 친독 정권인 비시 정부가 수립된 후 펼친 반유대인 정책으로 아버지는 직업을 잃었고 가족들은 힘겨운 삶을 살아야 했다. 1944년, 프랑스의 대학 입학시험인 바칼로레아를 통과한지 얼마 지나지 않아 베유는 게슈타포에 체포되어 어머니와 자매 중 하나인 마들렌과 함께 아우슈비츠-비르케나우 강제 수용소로 추방되었다. 아버지와 형제 장은 리투아니아로 추방되었고 베유는 이후 그들을 영원히 만나지 못했다. 다른 자매 드니스는 리옹에서 레지스탕스 네트워크에 들어갔다가 체포되어 라벤스브뤼크 강제 수용소로 추방되었다.

베유는 나이를 18세라고 속이라는 어떤 여성의 조언 덕택에 목숨을 구할 수 있었는데, 18세보다 어린 아이들은 곧장 가스실로 보내졌기 때문이었다. 베유는 살아남았지만 팔에는 78651이라는 문신이 새겨졌다. 그곳에서 강제 노동을 하다가 이후 베르겐 벨젠 강제 수용소로 옮겨졌는데, 어머니는 수용소가 해방되기 3주 전에 발진티푸스로 사망하고 말았다. 1945년, 이들 가족 중 파리에 도착한 사람은 시몬과 드니스, 마들렌뿐이었다.

괴로운 경험에도 불구하고 시몬 베유는 새로운 삶을 살기 위해 노력했다. 파리 법학부와 파리 정치 대학에서 법학과 정치학을 공부했고, 앙투안 베유를 만나 1946년에 결혼했다. 학교를 졸업한 뒤에는 변호사 사무실, 파리 검찰청에서 인턴으로 근무하기도 했다. 베유는 법정 변호사가 되고 싶어 했으나 앙투안은 그것을 들어주지 않았다. 후에 베유는 둘 사이에 심각한 갈등이 빚어졌던 문제는 이것이 유일하다고 회고했다. 베유는 어머니처럼 좌절한 전문가로 살고 싶어 하지 않았다. 앙투안도 마침내 베유의 의견에 동의하고, 여성에게 새로이 열린 직업인 판사가 되는 것은 어떠냐는 의사를 내비쳤다. 베유는 1956년 치안 판사 시험에 합격하여 법무부 산하 교정행정직으로 일했다. 1957년부터 1964

년까지 베유는 교도소의 상태 개선 및 여성 수감자들의 권리 향상을 위해 일했다. 당시 교도소는 인간의 존엄성을 침해하는 데다 여성의 경우 남성 수감자보다 부당한 대우를 받았기 때문이었다. 이후 민사국에 배정되어 1966년 입양법의 주요 초안자가 되었고 1970년에 최고사법관회의Conseil supérieur de la magistrature의 첫 여성 사무총장이 되었다. 프랑스 여성의 40퍼센트만이 일을 하던 당시에 이러한 시몬 베유의 전문적인 경력은 놀라운 것이었다.

1974년 5월, 친구들과 저녁 식사를 하고 있던 시몬 베유는 보건부 장관직을 권유하는 전화를 받는다. 보건부 장관으로 재직하면서 시몬 베유는 두 가지 주목할 만한 법안을 추진했다. 같은 해 12월에 통과된 첫 번째 조치는 피임에 대한 접근성을 높이는 것이었다. 1967년에 이미 경구피임약 판매 및 구매가 합법화되었지만 프랑스에서 피임에 대한 지식에 접근하거나 피임약을 구매하는 일은 쉽지 않았기 때문이다. 1975년 1월에 통과된 두 번째 조치는 프랑스에서 가장 어려운 싸움을 합법화한 것으로, 시몬 베유의 이름을 널리 알리는 계기가 되었다. 바로 임신중단 합법화였다. 이 시기는 반대 세력의 위협은 물론 끔찍한 모욕들을 감내해야 할 만큼 시몬 베유에게 힘든 시기였다. 하지만 용감하고 단호한 투쟁 덕에 법률은 통과될 수 있었다. 이후 베유는 의료 서비스의 수급을 계산하여 병원 환경을 개선하고, 특정 공공장소에서 흡연을 금지하는 등 건강 문제에도 신경 을 썼다.

1979년, 시몬 베유가 보건부 장관을 사임하려던 시 기 그에게 새로운 길이 열렸다. 유럽 의회의 의원을 직 접 선거를 통해 뽑게 된 것이다. 발레리 지스카르 데스 탱 대통령의 요청에 따라 선거에 나선 시몬 베유는 유 럽 의회 의원으로 선출되었으며, 첫 번째 의회에서 의 장으로 선출되었다. 유럽 의회 최초의 선출직 의장이었 다. 의장으로서 유럽 통합을 추진하는 역할을 맡은 시 몬 베유는 그 공을 인정받아 1981년에 유럽 통합에 기 여한 인물에게 수여되는 샤를마뉴 대제상을 수상했다. 이후 1993년까지 유럽 의회의 프랑스 대표 의원으로서 환경 보건 및 식품 안전 위원회, 외무위원회, 인권위원 회 등에서 일했다. 그리고 다시 프랑스로 돌아와 1995

년까지 에두아르 발라뒤르 내각에서 보건부 장관을 역임했다. 1998년에는 프랑스 헌법평의회 위원으로 위촉되어 2007년까지 활동했고, 2001년부터 2007년까지는 홀로코스트 기념관 관장을 지냈다. 2008년에는 프랑스 최고 지성들의 모임인 아카데미 프랑세즈 회원으로 선출되었는데, 여성으로서는 여섯 번째였다.

시몬 베유는 90세가 되기 2주 전인 2017년 6월 30일 자택에서 사망했다. 아들 장은 7월 5일 공식 행사에서 "어머니께서 제 머리에 물을 끼얹은 것을 용서합니다"라고 말했다. 베유가 아들의 여성혐오적 발언에 넌더리를 내며 그의 머리에 물병에 들어 있던 물을 부어버린 것이다. 시몬 베유는 2013년 사망하여 몽파르나스 묘지에 묻힌 남편 앙투안의 옆자리에 묻혔다. 그리고 여성단체를 비롯한 시민 12만 명의 청원으로 2018년 7월 남편과 함께 팡테옹에서 영면하게 되었다.

압도적으로 남성적인 정치 세계에서 성공하기 위해 뿌리 깊은 편견과 끝없이 맞서야했던 시몬 베유는 수백만 여성들에게 성취의 상징이었다. 홀로코스트 생존자에서 유럽 의회 의장을 지내고 존경받는 정치가가 되기까지, 시몬 베유의 삶은 믿기 어려울 만큼 정력적이고 놀라움으로 가득 차 있다. 분열된 유럽을 통합시키는 데 기여하고 여성의 권리를 신장시키며 20세기를 바꾼 위대한 여성을 소개하게 된 것을 기쁘게 생각한다.

임신중단은 오래 전부터 찬성과 반대 측 의견이 팽팽하게 맞서는 첨예한 논쟁거리였다. 프랑스에서 시몬 베유가 통과시킨 이른바 '베유 법'은 임신중단이라는 문제를 어떻게 접근하고 풀어나갔는지 보여준다. 그런 점에서 이 책은 같은 문제로 진통을 겪고 있는 한국 사회에 귀감이 될 것이다.

옮긴이의 말

올 겨울, 『유럽 낙태 여행』이라는 책을 기획하고 집필했다. 유럽 다섯 개 국가의 낙태죄 폐지 운동을 여행기로 담아내는 방식으로 서술하였는데, 한국의 낙태죄 폐지 운동에 힘을 싣기 위함이었다. 임신중단권을 주제로 떠난 유럽 여행에서 68혁명 직후 페미니스트들의 투쟁으로 피임권과 임신중단권을 거머쥔 프랑스를 이 여정에 포함시키지 않을 수 없었지만, 그보다 더 직접적인 계기는 시몬 베유였다. 구체적으로는 타계한 그가 임신중단권 쟁취에 기여한 공을 인정받아 프랑스 국립묘지인 팡테옹에 안장된다는 소식 때문이었다.

보건부 장관이었던 시몬 베유는 1974년 11월 26일, 남성으로 가득한 의회에서 여성의 임신중단권을 지지

하는 연설을 남겼다. 이 연설은 프랑스 언론에서 길이
길이 회자되고, 임신중단 합법화 법안은 오늘날까지도
그의 이름을 따 '베유 법'이라 불리게 된다. 이 책은 역
사적인 명연설과 그날의 역사를 가능케 한 시몬 베유에
게 직접 묻는 대담으로 이루어져 있다. 책에 담긴 연설
에서 꽤 많은 시간이 흐른 후 이루어진 대담에는 연단
에 섰을 당시에는 드러낼 수 없었던 시몬 베유 본인이
술회하는 심경과 고민을 고스란히 드러내고 있다. 연설
의 배경인 1970년대의 프랑스는 임신중단을 여성의 인
권 문제로 말할 수 없었다는 점에서 오늘날의 한국과
시차가 느껴지지만 동시에 낙태죄가 존치한다는 점에
서 생생하게 공명한다.

여성은 자신의 몸에서 일어나는 일에 어떤 방식으로
든 온전한 책임을 질 수밖에 없다. 책임지는 쪽이 결정
해야 한다는 당연한 주장을 사실로 만들기 위한 투쟁은
오늘날에도 세계 곳곳에서 여전히 진행 중이다. 아일랜
드, 폴란드, 아르헨티나 등지의 여성들이 50년 전에 프
랑스가 이루어 낸 승리를 거머쥐기 위하여 일어났다.
특히 시몬 베유를 만나리라는 기대감으로 팡테옹에 향

하던 겨울로부터 또 다시 겨울을 맞기까지의 한 해 동안 한국에서 일어났던 일은 가히 폭발과 연쇄라는 단어로 설명할 만했다. 온라인 청원, 집회, 시위, 출판, 퍼포먼스와 같이 방법을 가리지 않고 다양한 주체들의 다양한 목소리가 낙태죄 폐지라는 하나의 불길로 수렴하고 있다. 이 책에 실린 프랑스의 임신중단권 연표처럼, 한국에서는 바로 지금 재생산권에 대한 우리의 역사를 이어 쓰는 중이다.

유산은 자연적으로나 인공적으로나, 인간이 생명을 잉태하는 한 필연적으로 일어나는 현상이다. 인공유산, 즉 임신중단은 세계에서 가장 많이 행해지는 수술이기도 하다. 피임의 발명은 인류가 임신중단에 접근할 가능성을 대폭 줄여 주었으나, 원치 않는 임신이란 여전히 생식능력을 가진 인간에게 언제나 일어날 수 있는 사건이다. 임신중단이 이루어지는 이유는 임신중단의 발생 건수만큼 다양하다. 하지만 제법 많은 국가가 임신중단을 종용하거나 강요하거나 권유한 역사를 가졌고 그때에는 국가가 단죄되지 않았음을 떠올릴 때, 임신중단이 낙태죄라는 죄목으로 다스려지는 이유는 하나다. 국가 혹은 가장, 즉 남성에게 있어야 할 태아의 생사여탈권을 여성이 가지려 들었기 때문이다. 그러므로 낙태죄의 존폐에 대한 질문은 태아와 여성의 삶의 경중을 따지는 물음이 아니라 여성의 몸에서 일어나는 일을 결정하는 주체가 누구여야 하느냐는 물음이다. 책 속에서 베유가 언급한 것처럼 낙태죄가 '국익에 반하는 죄'로 다스려졌다는 점, 프랑스에서는 피임도 죄였다는 점을 함께 생각하면 더욱 명료해진다. 낙태죄가 사라질 때 임신중단의 발생 건수가 줄어들기 때문에, 임신중단 자체가 아니라 낙태죄 때문에 심신을 다치고 곤경에 빠지는 여성이 많기 때문에, 무엇보다도 여성의 삶은 국가가 아닌 여성이 결정해야 하기 때문에, 낙태죄는 폐지되어야만 한다.

이 책은 격동의 시기를 지나던 프랑스가 맞닥뜨린 가장 강렬한 변화의 순간으로 손꼽힌 하루를 담았다. 그러나 변화는 여러 사람의 여러 노력이 겹치고 섞여서 그 계기의 처음과 끝을 도저히 알 수 없는 상태에서 점화된다고 믿는다. 입지전적인 시몬 베유라는 인물이 한 사람 몫의 삶에서 도무지 해낼 수 없을 것만 같은 엄청난 일들을 연거푸 해냈음을 분명히 보았으면서도, 프랑스의 변화에 시몬 베유라는 한 사람이 반드시 필요했다는 문장으로 여는 서문에 전적으로 동의할 수만은 없는 것도 그런 이유다. 같은 이유에서, 반세기 전 그가 자신이 몸담은 사회를 변화시키고자 감행한 움직임이 이번에는 우리의 변화를 지피는 또 다른 불씨가 되기를 바라며 그럴 것이라 확신한다.

여담이지만 여행을 떠나 막상 발걸음을 하고 보니 시몬 베유의 팡테옹 안장이 확정되었을 뿐 아직 실시되지는 않은 상태여서 아쉽게도 만나볼 수 없었다. 그런데 다시금 다가온 겨울의 초입에 번역자로서 그를 만날 수 있어 영광이었다. 번역을 맡겨 주신 갈라파고스에 감사를 전한다.

2018년 12월
이민경

프랑스의 임신중단권 연표

중세
13세기 기독교 학자들은 태아가 처음으로 영혼을 갖는 시점을 남아는 생후 40일, 여아는 80일이라 정했다. 1532년, 샤를 5세 통치 하에 만들어진 카롤리나 형사법전에는 어머니가 움직임을 감지한 순간부터 태아가 살아 있는 시점이라고 못 박았다. 1558년 교황 식스토 5세는 임신 주수에 관계없이 공식적으로 임신중단을 비난했다.

르네상스 시기
심각한 출혈 시 시술 가능한 의료적 임신중단 개념이 등장했다.

1804년   나폴레옹 민법전이 만들어지며, 제317조에서는 임신 주수에 따른 구분 없이 임신 중단을 다음과 같이 제재했다. "동의 여부와 관계없이 마약, 의약품, 폭력 또는 기타의 방법으로 여성에게 임신중단을 일으키는 사람은 구금형에 처한다."

1852년   임신중단을 '가족의 질서와 공공의 윤리에 반하는 범죄'로 규정하는 새로운 법안이 등장한다. 그러나 판례상으로는 치료를 목적으로 하는 임신중단을 의료 행위로 인정한다. 이 주제는 항상 국가와 종교 간 대립을 야기한다.

1920년   7월부로 '임신중단을 조장하거나 피임을 선전하는 행위'와 '임신을 막는 비약을 파는 행위'를 처벌하는 법이 통과되었다. 이 법을 따르지 않을 시에는 6개월에서 2년 사이의 징역형과 100프랑 이상 5,000프랑 이하에 달하는 벌금을 선고받을 수 있다. 이 법은 1923년에 개정되었다. 누구든지 여성으로 하여금 임신중단을 야기한 사람은 1년 이상 5년 이하의 징역형, 500프랑 이상 10,000프랑 이하의 벌금형에 처했다. 임신중단 수술을 받은 여성의 경우 6개월 이상 2년 이하의 징역형에 처해질 수 있었다.

1941년   임신중단을 '국가 결속, 국가 및 프랑스 국민을 침해할 수 있는 성격의 범죄'로 분류했다.

1942년   임신중단을 국가 안보에 반하는 범죄와 동일시했다. 특별 법정에서 판결을 받은 경우 사형에까지 처할 수 있었다.

1943년   비시 정부는 세탁소를 운영하면서 여성들의 임신중단을 도왔던 마리 루이즈 지로를 본보기로 교수형에 처했다.

1956년   '피임을 통해 부부들이 원하는 때에만 아이를 갖도록' 돕는 단체인 '행복한 모성'이 개소했다. 단체 활동가들은 임신중단과 피임을 명확히 구분했다. 이 단체는 1960년 '가족계획을 위한 프랑스 운동(MFPF)'으로 단체명을 바꾼다.

1969년   가족계획을 위한 프랑스 운동(MFPF)'의 대표들이 '낙태연구협회(ANEA)'를 창립하고, '여성해방운동(MLF)'이 만들어졌다.

1971년   '343인 선언'은 시몬 드 보부아르가 쓰고 임신중단을 함으로써 형법 제317조를 위반했다고 주장하는 343명의 여성이 서명을 한 선언문으로, 4월 5일 《누벨 옵세르바퇴르》에 발표되었다. 이 선언문은 명백히 존재하던 문제를 수면 위로 드러내고 정부로 하여금 임신중단 자유화 쪽으로 입장을 취할 수밖에 없게 만들었다. 서명한 이들 가운데에서는 마거리트 뒤라, 프랑수아즈 사강, 카트린느 드뇌브와 같은 유명인의 이름도 찾아볼 수 있다. '선택하라' 운동이 이 선언문 작성의 기틀을 마련했다.

1972년   보비니에서 마리 클레르 재판이 있었다. 마리 클레르는 17세에 임신하여 어머니의 도움을 받아 임신중단을 했다. 판결문은 그를 무죄로 방면했는데, 이는 1920년의 임신중단 법이 더 이상 적용되지 않음을 공언한 것이다.

1973년   '피임 및 임신중단 자유화 운동'이 시작되
         었다. 의사 330명이 임신중단 수술을 했다
         는 사실을 고백하는 선언문에 서명했다.
         임신중단을 원하는 여성들을 영국으로 보
         내는 여행이 조직되었다.

1975년   베유 법이 공표되면서, 형법 제317조가 한
         시적으로 5년 간 유보되었고 특정한 조건
         하에서의 임신중단이 허용되었다.

1979년   의회가 임신중단에 대한 법안인 펠티에 법
         을 채택하면서 1975년 법을 개정했다.

1982년   사회보장기금에 의해 임신중단 수술 비용
         을 환급하는 루디 법이 시행되었다.

1988년   임신중단약물인 미페프리스톤(RU 486)
         시판이 허가됨으로써 약물을 이용한 임신

중단이 가능해졌다.

1991년   피임 및 임신중단권을 위한 단체 전국 연
합회(CADAC)가 생겨났다.

1992년   네에르츠 법이 채택되었다. 법안에 따르
면 임신중단을 방해하는 행위는 2개월 이
상 3년 이하의 징역형과 2,000프랑 이상
30,000프랑 이하의 벌금형에 처하는 범죄
로 규정된다.

2001년   오브리-기구 법이 통과되면서 임신중단
법정 허용 주수를 기존의 임신 10주에서
12주로 늘리고, 미성년자가 부모의 동의
없이도 임신중단 수술을 받을 수 있게 되
어 보호자 동반이 선택사항으로 바뀐다.
임신중단에 우호적인 광고가 더 이상 제재
받지 않는다.

2002년   응급 상황에서 약사가 미성년자에게 사후 피임약을 무료로, 익명으로, 의사의 처방이나 부모의 동의 없이 처방할 수 있다는 조건을 구체적으로 명기한 법안이 발표되었다.

2004년   임신중단 약물의 취급이 허용되던 범위가 병원에서 도시로 바뀌었다.

2013년   임신중단 수술에 드는 비용이 전액 질병보험으로 처리되었다.(수술 전에 드는 비용은 2016년에 처리된다.) 임신중단에 대한 정보를 다루는 국가 공식 웹사이트(IVG. gouv.fr)가 만들어진다.

2014년   실질적 성평등을 위한 발로-벨카셈 법이 발표되면서 임신중단 허용 조건에서 '곤경'이란 표현을 삭제하고 임신중단이 '임신을 지속하고 싶지 않은' 모든 여성에게 허용된다. 임신중단 방해죄는 임신중단에 대한 정보에 접근하기를 막는 모든 이들에게로 확대 적용된다.

2016년   초진 이후 7일 간 주어지던 숙려기간 조항과 자필 서명 의무가 삭제된다. 산파에게도 약물 임신중단을 실시할 수 있는 권한이 주어진다. 의료비 직불제가 실시되면서 비용을 미리 지불하지 않아도 된다.

2017년   임신중단 방해죄 적용이 반임신중단 온라인 사이트로까지 확대된다. 임신중단 방해죄를 어기면 최대 2년의 징역과 30,000유로의 벌금형에 처할 수 있다.

함께 읽으면 좋은 갈라파고스의 책들

『왜 세계의 절반은 굶주리는가?』
유엔 식량특별조사관이 아들에게 들려주는 기아의 진실
장 지글러 지음 | 유영미 옮김 | 우석훈 해제 | 주경복 부록
232쪽 | 10,800원

120억의 인구가 먹고도 남을 만큼의 식량이 생산되고 있다는데 왜 하루
에 10만 명이, 5초에 한 명의 어린이가 굶주림으로 죽어가고 있는가? 그
책임은 누구에게 있을까? 학교에서도 언론에서도 아무도 알려주지 않
는 기아의 진실! 8년간 유엔 식량특별조사관으로 활동한 장 지글러가 기
아의 실태와 그 배후의 원인들을 대화 형식으로 알기 쉽게 조목조목 설
명해놓은 책.

『지식의 역사』
과거, 현재, 그리고 미래의 모든 지식을 찾아
찰스 밴 도렌 지음 | 박중서 옮김 | 924쪽 | 35,000원

문명이 시작된 순간부터 오늘날까지 인간이 생각하고, 발명하고, 창조
하고, 고민하고, 완성한 모든 것의 요약으로, 세상의 모든 지식을 담은

책. 인류의 모든 위대한 발견은 물론이거니와, 그것을 탄생시킨 역사적 상황과 각 시대의 세심한 풍경, 다가올 미래 지식의 전망까지 충실히 담아낸 찰스 밴 도렌의 역작.

『물질문명과 자본주의 읽기』
자본주의라는 이름의 히드라 이야기
페르낭 브로델 지음 | 김홍식 옮김 | 204쪽 | 12,000원

역사학의 거장 브로델이 우리가 미처 알지 못했던 자본주의의 맨얼굴과 밑동을 파헤친 역작. 그는 자본주의가 이윤을 따라 변화무쌍하게 움직이는 카멜레온과 히드라 같은 존재임을 밝혀냄으로써, 우리에게 현대 자본주의를 이해하고 미래를 가늠해볼 수 있는 넓은 지평과 혜안을 제공했다. 이 책은 그가 심혈을 기울인 '장기지속으로서의 자본주의' 연구의 결정판이었던 『물질문명과 자본주의』의 길잡이판으로 그의 방대한 연구를 간결하고 수월하게 읽게 해준다.

『현대 중동의 탄생』
데이비드 프롬킨 지음 | 이순호 옮김 | 984쪽 | 43,000원

미국 비평가협회상과 퓰리처상 최종 선발작에 빛나는 이 책은 분쟁으로 얼룩진 중동의 그늘, 그 기원을 찾아가는 현대의 고전이다. 종교, 이데올로기, 민족주의, 왕조 간 투쟁이 끊이지 않는 고질적인 분쟁지역이 된 중동이 어떻게 형성되었는지를 명쾌하게 제시해준다. 이 책은 중동을 총체적으로 이해하게 해주는 중동 문제의 바이블로 현대 중동 문제를 이해하기 위한 필독서다.

『푸코, 바르트, 레비스트로스, 라캉 쉽게 읽기』
교양인을 위한 구조주의 강의
우치다 타츠루 지음 | 이경덕 옮김 | 224쪽 | 12,000원

구조주의란 무엇인가에서 출발해 구조주의의 기원과 역사, 그 내용을 추적하고, 구조주의의 대표적 인물들을 한자리에 불러 모아 그들 사상의 핵심을 한눈에 들어오도록 정리한 구조주의에 관한 해설서. 어려운 이론을 쉽게 풀어쓰는 데 일가견이 있는 저자의 재능이 십분 발휘된 책으로, 구조주의를 공부하는 사람이나 구조주의에 대해 알고 싶었던 일반 대중 모두 쉽고 재미있게 읽을 수 있는 최고의 구조주의 개론서이다.

『왜 지금 한나 아렌트를 읽어야 하는가?』
한나 아렌트 쉽게 읽기
나카마사 마사키 지음 | 김경원 옮김 | 264쪽 | 13,000원

현대 정치철학의 거장 한나 아렌트 쉽게 읽기. 이 책은 한나 아렌트의 사상 가운데 특히 중요한 내용을 현대 사회의 정치사회문제와 연관시켜 소개하는 한나 아렌트 입문서다. 저자인 나카마사 마사키는 한나 아렌트의 사상을 소개하는 동시에 '한나 아렌트라면 이 문제에 대해 어떻게 말했을까?'를 상상하여 아렌트의 대변자로서 발언하고자 한다.

『두 사람』
마르크스와 다윈의 저녁 식사
일로나 예르거 지음 | 오지원 옮김 | 368쪽 | 16,500원

'진화'와 '혁명'으로 세상을 변화시킨 위대한 사상가이자 동시대에 같은 공간에 살았던 시대의 반항아, 찰스 다윈과 카를 마르크스. 닮은 것 같으면서도 닮지 않은 두 사람이 어느 저녁 식사 자리에서 만났다면 이들은 어떤 대화를 나누었을까? 실화와 허구가 적절하게 짜여 있는 이 책은 베케트라는 가상의 인물을 통해 두 사람의 사상이 오고 가는 모습을 보여준다.

국가가 아닌 여성이 결정해야 합니다
시몬 베유, 낙태죄를 폐지하다

1판 1쇄 인쇄 2018년 12월 3일
1판 1쇄 발행 2018년 12월 13일

지은이 시몬 베유 | 옮긴이 이민경
편집 백진희 김혜원 | 표지 디자인 별을 잡는 그물

펴낸이 임병삼 | 펴낸곳 갈라파고스
등록 2002년 10월 29일 제2003-000147호
주소 03938 서울시 마포구 월드컵로 196 대명비첸시티오피스텔 801호
전화 02-3142-3797 | 전송 02-3142-2408
전자우편 galapagos@chol.com

ISBN 979-11-87038-39-9 (03300)

이 도서의 국립중앙도서관 출판예정도서목록(CIP)은 서지정보유통지원
시스템 홈페이지(http://seoji.nl.go.kr)와 국가자료종합목록시스템(http://
www.nl.go.kr/kolisnet)에서 이용하실 수 있습니다. (CIP제어번호 :
CIP2018039083)

갈라파고스 자연과 인간, 인간과 인간의 공존을 희망하며, 함께 읽으면 좋은 책들을 만듭니다.